MUHAMMED
Der Herr der Herzen

Das Leben
des Propheten

Rahime Kaya

DEFINE
VERLAG

BYZANZ
Damaskus
Bostra (Busrā)
Jerusalem
Petra
Benū Kelb
Ghassēniden
Mu'te
Ēyle
Dewmet ul-Djendel
Tebūk
Ghatafēn
Tayy
Fedek
Khaybar
Uhud
MEDINA
ÄGYPTEN
Bedr
Khuza'a
ROTES
MEER
Djidde
MEKKA
Nachle
Tā'if
Thaqīf
Quraysch
Dews
AKSUM
ÄTHIOPIEN

PERSERREICH
PERSISCHER GOLF
Benū Hanīfe
ARABISCHES MEER

10. Auflage

ÜBERSETZUNG *Mehmet Oyran*
HERAUSGEBER *Dr. Arhan Kardaş*
LEKTORAT *Dr. Arhan Kardaş*
Wilhelm Willeke
Abdullah Kulac
SATZ & COVERDESIGN *Onur Alka*

Erschienen im Define Verlag

Linemarketing GmbH
Wilhelmstr. 29 A/2, 13593 Berlin
www.deinbuchshop.de
ISBN: 978-3-946463-00-9
Druck: Drukarnia Read Me

MUHAMMED
Der Herr der Herzen

INHALT

Zur Umschrift in diesem Buch . . . viii
Abdulmuttalibs Traum . . . 1
Der Tag der Entscheidung . . . 4
Die Eheschließung . . . 10
Die Kaabe – das Haus Gottes . . . 13
Die gesegnete Geburt . . . 20
Muhammeds Zeit bei der Amme . . . 24
Abschied von der Mutter . . . 33
Abdullahs Nachkomme . . . 35
Unter dem Schutz des Onkels . . . 39
Frei von Sünde . . . 43
Der lange erwartete Prophet . . . 49
Auf dem Weg nach Damaskus . . . 55
Die glücklichste Frau der Welt . . . 60
Die neue Familie . . . 65
Der Vertrauenswürdige . . . 69
Himmlische Zeichen . . . 72
Die erste Botschaft . . . 78
Die ersten Gläubigen . . . 81
Die geheime Botschaft . . . 88
Die Verwandten . . . 91
Offene Einladung . . . 95
Die Pläne der Götzendiener . . . 98
Koranrezitationen . . . 101
Beschwerde bei Ebū Tālib . . . 105
Der Druck steigt . . . 107
Peinigungen und Folter . . . 111
Arqāms Haus . . . 115
Der Auszug nach Äthiopien . . . 118
Hamza und Umar . . . 120
Die zweite Reise nach Äthiopien . . . 126
Jahre des Boykotts . . . 130
Das Mond-Wunder . . . 133
Das Ende des Boykotts . . . 135

Das Jahr der Trauer 138
Ewige Feindschaft 144
Tage in Tāif 147
Miʿrādj – Die Himmelsreise 150
Die Treueeide von Aqabe 154
Abschied von Mekka 158
Der schönste Tag 171
Ensār und Muhādjirūn 173
Mesdschid un-Nebewī 175
Die Bewohner der Suffe 179
Vertrag und Einheit 181
Die Gebetsausrichtungauf die Kaabe 184
Der erste Sieg 186
Im Anschluss an dieSchlacht von Bedr 195
Ein neuer Angriff der Götzendiener aus Mekka 197
Die Schlacht von Uhud 199
Das Attentat 209
Weitere Einladungen 212
Eine heimtückische Offerte 213
Die Verteidigung der Stadt 215
Verwirrung am Graben 218
Göttlicher Beistand 220
Der Traum von der Umra 222
Der Vertrag von Hudeybiye 226
Die Botschafter des Islams 230
Sieg in Khaybar 234
Freude über die Umra 237
Der Vertrag wird gebrochen 240
Eine Eroberung der Herzen 245
Ein Ort der Sicherheit 249
Die erste und letzte Haddsch 252
Zeit, Abschied zu nehmen 256
Nachwort 264

ZUR UMSCHRIFT IN DIESEM BUCH

Die Sprache des Korans und des Propheten ist Arabisch und die arabische Sprache hat, wie jede andere Sprache auch, ihre Besonderheiten. Der Koran und die Hadithe des Propheten prägen nahezu alle Schriften und Sprachen der muslimischen Welt, und um den Koran und die Hadithe herum haben sich im Laufe der Zeit zahlreiche Wissenschaften entwickelt. Dies gilt vor allem für den Koran, man denke nur an die Wissenschaft der Exegese, die Sprachkunst *(Belāgha)*, die Kalligraphie *(Khatt)* und die Rezitationskunst. Die korrekte Verschriftlichung *(Kitēbe)*, der korrekte Vortrag *(Qirā'e)* und die korrekte Rezitation *(Tedjwīd)* des Korans verlangen vom Laien jahrelange Bemühungen.

Schon in den ersten Jahren der Offenbarung schenkten die Gefährten des Propheten diesen Disziplinen viel Aufmerksamkeit und Beachtung, weil der Prophet selbst sie dazu anhielt. Schon sehr früh etablierten sich die zusätzlichen Hilfszeichen für die Vokalisierung *(Harakāt)* des Korans. Später konzentrierte man sich dann auch auf eine korrekte Zeichen-, Komma- und Punktsetzung ähnlich wie die Rechtschreibung von Heute *(Sedjāwend)*. Genau wie beim Koran sind auch bei den Hadithen eine korrekte Transliteration, Transkription und Weitergabe sehr wichtig. In Fällen, in denen die Schreibweise eines Wortes mehrere Deutungsmöglichkeiten zuließ, gaben die geschätzten Gelehrten Hinweise darauf, wie das Wort auszusprechen war. Im krassen Gegensatz zu den herabwürdigenden Wüsten- und Kamelvorstellungen des mittelalterlichen Abendlands von dieser Religion, ist der Islam eine Offenbarungsreligion und eine Schriftreligion, wovon die auf ihm gründenden Wissenschaften Zeugnis ablegen. Und auch die korrekte Aussprache und inhaltsgetreue Transkription der Namen der großen Persönlichkeiten und Fachtermini des Islams sind von großer Bedeutung.

Den deutschsprachigen Orientalisten und der Fachwissenschaft der Orientalistik gebührt Dank für ihre Bemühungen, die arabische Sprache ins Deutsche zu transkribieren. Hervorzuheben ist in diesem Zusammenhang sicherlich die Deutsche Morgenländische Gesellschaft (DMG), die 1936 auf dem 19. Orientalisten-Kongress in Rom in einer Denkschrift eine einheitliche Mischform aus Transliteration und Transkription entwickelte. Sie gab Interessierten an der arabischen Sprache eine Umschrift an die Hand, die eine buchstabengetreue Transliteration ermöglichte. In der Wissenschaft wird diese Umschrift bis heute benutzt, und sie ist sehr weit verbreitet.

Trotz des Erfolges dieser Umschrift ist sie jedoch nicht ohne Mängel, vor allem was die Transkription im Hinblick auf eine lautgerechte Widergabe betrifft. Sie reduziert die Vokale der arabischen Sprache auf lediglich a, u und i und übersieht dabei, dass es auch ein e und ein ä gibt. Daraus ergeben sich für Laien in der Alltagsaussprache große Unannehmlichkeiten. Dieses Defizit lässt sich höchstwahrscheinlich damit begründen, dass die Orientalisten ihre Transkription weltweit möglichst vereinheitlichen wollten, sodass die englische Umschrift für die arabische Sprache auch für deutsche Orientalisten nachvollziehbar ist. Bekanntlich wird ein a im Englischen aber oft auch e oder ey ausgesprochen und somit Islam als Islēm, Koran/Quran als Korēn/Qurēn oder Muhammad als Muhammed. Also ist diese englische Umschrift bedauerlicherweise keine geeignete Grundlage für unsere deutsche Aussprache.

Wie fachkundige Leserinnen und Leser wissen, gibt es im Arabischen harte und weiche Buchstaben (Konsonanten). Harte Buchstaben sind die Ausnahme. Weiche Buchstaben erfordern, dass der folgende offene Vokal als e oder ä ausgesprochen wird, während harte Buchstaben eine Aussprache als a nach sich ziehen. Ein weicher Buchstabe (Konsonant), der zwischen zwei harten Buchstaben liegt, wird von diesen beeinflusst, sodass auch sein Folgevokal als a ausgesprochen wird. In den muslimischen Ländern bekommt jeder Koranstudent dies im Unterricht beigebracht. Dort hält man sich an diese Rezitationsregeln, auch wenn sie von der jeweiligen Alltagssprache abweichen mögen. Die Perser etwa sprechen auch die harten Konsonanten weich aus. Zudem benutzen sie für alle Silben, die den Langvokal Elif enthalten, einen Vokal, der zwischen a und o ausgesprochen wird. Die Türken sind zwar sehr achtsam in ihrer Rezitation, allerdings bedienen sie sich bei weichen Konsonanten des Vokals ü, den es im Arabischen nicht gibt. Die Syrer wiederum sind von den Persern und den Türken beeinflusst. Sie lassen weichen und harten Konsonanten auch ein a folgen, ähnlich wie die Inder. Doch diese Aussprachen sind für uns kein Maßstab. Unser Maßstab ist die Aussprache des Korans, die für alle Muslime gleichermaßen gilt.

Die DMG-Umschrift sieht vor, dass die Übersetzung der Verbform „er spricht" als *yatakallam* ausgesprochen wird. Dieses arabische Wort besteht jedoch ausschließlich aus weichen Konsonanten, und es gibt keinen Araber, der *ya-*

takallam sagt. Stattdessen muss es *yetekellem* heißen. Gleiches gilt für *Melek* (Engel), was den DMG-Regeln zufolge *Malak* auszusprechen ist. Das Einheitsbekenntnis enthält keinen einzigen harten Konsonanten, trotzdem soll es *lā ilāha illallāh* ausgesprochen werden, und statt *Besmele* wird *Basmala* bevorzugt. Wenn wir bei grundlegenden Begriffen und Formeln wie diesen nicht auf eine wortlautgetreue Wiedergabe achten, ergeben sich in den Details zwangsläufig noch gravierendere Probleme. Es ist wahr, dass die arabische Sprache kein o, ö und ü kennt. E und ä hingegen sind die dominantesten Vokale überhaupt.

Des Weiteren legen wir bei unserer Umschrift Wert darauf, die langen von den kurzen Vokalen zu unterscheiden, weil dies für die arabische Sprache von elementarer Bedeutung ist. Langvokale tragen folglich ein Makron (einen Längestrich). Sonst ergeben sich im Deutschen häufig falsche Aussprachen. Zum Beispiel heißt es nicht Āli, sondern Alī (kurzes a, langes i), und nicht Ēbu, sondern Ebū (kurzes e, langes u wie bei Ebū Bekr). Einige Buchstaben des Arabischen wie ض ص ظ ح lassen sich nicht 1:1 wiedergeben. Sie erfordern einen deutschen Buchstaben, der möglichst ähnlich klingt.

Manche Ortsnamen, Fachtermini oder Personennamen wurden mit der Zeit eingedeutscht, zum Beispiel Islam, Koran oder Mekka. In diesen Fällen verwenden auch wir diese deutschen Entsprechungen, selbst wenn sie nicht unseren Umschriftregeln folgen.

Auch unsere lautgetreue Umschrift ist nicht vollkommen, und es wird bestimmt noch eine Weile dauern, bis sie sich in der deutschen Schriftsprache durchsetzt. Wir haben heute den Anfang gemacht und bitten unsere sach- und fachkundigen Leserinnen und Leser, uns dabei zu korrigieren und zu unterstützen.

Gott weiß es am besten.

Arhan Kardas
Frankfurt am Main
den 17.03.2015

ABDULMUTTALIBS TRAUM

„OPFERE DEINEM HERRN EIN TIER, und löse dein Versprechen ein!" Als Abdulmuttalib diese Worte in der Nacht vernahm, opferte er am nächsten Morgen einen Widder und verteilte das Fleisch an die Armen. In der folgenden Nacht hörte er dieselbe Stimme erneut zu ihm sprechen: „Opfere deinem Herrn ein noch größeres Tier!" Unter dem Einfluss dieses Traumes erwachte er und opferte einen Stier. In der Nacht darauf vernahm er wieder dieselben Worte. Diesmal opferte er ein Kamel und verteilte das Fleisch an die Armen. Wieder eine Nacht später sagte die Stimme zu ihm: „Bringe deinem Herrn ein noch größeres Opfer!" Diesmal antwortete er: „Welches Opfer könnte noch größer sein?" Da entgegnete die Stimme: „Erinnere dich an dein Versprechen, das du vor Jahren gegeben hast. Du hattest dir von Gott zehn Söhne gewünscht. Dein Wunsch ging in Erfüllung, nun löse dein Versprechen ein!"

Abdulmuttalib wachte schweißgebadet auf. Er erinnerte sich. Wie schnell die Zeit doch vergangen war. Vor Jahren hatte er, wie heute, einen seltsamen Traum gehabt, und in diesem Traum war ihm verraten worden, wo sich die Zemzem-Quelle befand. Vor langer Zeit war die Frau des Propheten Abraham, Hādjar, als Erste auf diese Quelle gestoßen, doch mit der Zeit war ihr Standort in Vergessenheit geraten.

Abdulmuttalib war also mit seinem einzigen Sohn Hārith zu jener Stelle gegangen und hatte angefangen zu graben. Bald darauf hatten sich die Mekkaner in einem großen Kreis um Abdulmuttalib versammelt und zu ihm gesagt: „Diese Quelle ist ein Erbe des Propheten Ismā'īl, des Sohnes unseres Vorfahren Abraham. Wir wollen dir bei der Arbeit helfen." Abdulmuttalib antwortete der Menge: „Diese Aufgabe hat Allāh mir allein auferlegt. Ich werde niemanden daran teilhaben lassen." Daraufhin drohten sie ihm mit den Worten: „Du hast nur einen einzigen Sohn, der dich schützen kann. Hüte dich davor, dich gegen uns aufzulehnen. Käme es zum Streit, würden wir dich besiegen." Abdulmuttalib entgegnete ihnen: „Ihr beschämt mich, weil ich erst ein Kind habe? Ich schwöre euch bei Gott: Falls ich eines Tages zehn Söhne bekommen sollte und sie so alt sind, dass sie mich beschützen können, werde ich einen von ihnen hier, an der Kaabe, opfern."

Dann fuhren er und sein Sohn mit dem Graben fort. Als die Mekkaner merkten, dass sie sich an der Suche nach dem Zemzem-Wasser nicht beteiligen konnten, ließen sie die beiden in Ruhe. Am dritten Tag stießen Abdulmuttalib und sein Sohn auf die Quelle und taten ihre Freude unter Lobpreisungen Gottes kund. Sie gruben weiter, sodass das Wasser herausfließen konnte und alle Lebewesen, Tiere und Menschen, davon trinken konnten. Schon vorher war Abdulmuttalib ein angesehener Mann gewesen, und die Mekkaner hatten ihn bei schwierigen Fragen zum Richter erwählt. Danach genoss er noch mehr Respekt.

Die Jahre vergingen, und Abdulmuttalib wurden tatsächlich zehn Söhne geboren. Und nun erinnerten ihn seine neuen Träume an den Eid, den er damals geschworen hatte.

DER TAG DER ENTSCHEIDUNG

LANGSAM GING DIE SONNE AUF, und die Morgendämmerung hüllte Mekka in ein schönes Rot. Für Abdulmuttalib sollte einer der schwersten Tage seines Lebens anbrechen. Er stand noch ganz unter dem Einfluss des Traumes, den er in der letzten Nacht gesehen hatte, und ständig musste er an seine Söhne denken. Am meisten sorgte er sich um seinen schönsten Sohn Abdullah. Abdullah war anders als seine Brüder. Seine Stirn leuchtete förmlich, was ihn besonders ansehnlich machte. Seine Schönheit war in aller Munde. Dieses helle Leuchten hatten auch Abdulmuttalibs Vater und Großvater auf der Stirn getragen. Es war schon vor Adam, dem ersten Menschen und Propheten, erschaffen und diesem dann geschenkt worden. Adam hatte es weitervererbt, und so gelangte es zum Propheten Abraham. Dieser gab es an den Propheten Ismā'īl weiter, bevor es schließlich - jeweils über die Söhne - zu Abdullah kam. Und es sollte nicht mehr lange dauern, bis es seinen wahren Besitzer finden würde.

Nachdem die Sonne ein wenig höher am Himmel stand, erwachte das Haus von Abdulmuttalib zum Leben. Der todtraurige Vater rief alle seine Söhne zu sich und erzählte ihnen von dem Versprechen, das er Gott vor Jahren beim Graben nach der Zemzem-Quelle gegeben hatte. Zuerst traute er sich nicht, den Kopf zu heben und seinen Söhnen in die Augen zu blicken. Aber nachdem er sich gefangen hatte, forderte er seine Kinder auf: „Jetzt sagt mir, was ihr darüber denkt!" Die Kinder antworteten ihm, als hätten sie sich untereinander abgesprochen: „Liebster Vater, wenn du Gott ein Versprechen gegeben hast, dann fügen wir uns darein. Du kannst auswählen von uns, wen du möchtest, wir werden dir Gehorsam leisten." Abdulmuttalib erwiderte: „Einverstanden. Dann holt euch jetzt alle ein Stöckchen und schreibt euren Namen darauf. Danach gehen wir zusammen zum Richter an der Kaabe und lassen ihn eines davon ziehen."

Diese letzten Worte gingen ihm nur schwer über die Lippen. Abdulmuttalib wurde einer harten Prüfung unterzogen. In seinem Innern toste ein Sturm, was er aber nach außen nicht zeigte. Immer wieder sagte er sich: „Das Wort, das man Gott gibt, steht über allem. Ich muss mein Versprechen einlösen." Während er mit seinen zehn Söhnen zur Kaabe marschierte, grübelte er weiterhin über seine Situation nach. Als sie an dem ersten Gebäude und Gotteshaus auf Erden ankamen, erklärte Abdulmuttalib dem Richter den Grund für ihr Kommen. Als der Richter begriff, dass er darüber entscheiden sollte, welchen seiner Söhne Abdulmuttalib opfern wollte, stockte ihm der Atem. Abdulmuttalib hielt dem Richter die Stöckchen hin und verlangte mit getragener Stimme von ihm, eines zu ziehen. Hätte der Richter Abdulmuttalib nicht gekannt, so hätte er versucht, ihn davon abzubringen. Aber vor ihm stand das Oberhaupt und der respektabelste Mann von Mekka. Also schaute er kurz auf die Stöckchen, entschied sich für eines und zog es heraus. Stotternd las er den Namen vor, der darauf stand:

„Ab-dul-lah!"

Abdulmuttalib fühlte einen Stich im Herzen. Abdullah war sein liebstes Kind, aber er hatte Gott ein Versprechen gegeben, und das konnte er nicht brechen. Er nahm Abdullah an die eine Hand und ergriff mit der anderen sein Messer. Dann ging er mit seinem Sohn zu der Stelle, an der er ihn zu opfern gedachte. Abdulmuttalib versuchte, die Fassung zu bewahren, während

Abdullah noch immer große Entschlossenheit zeigte. Prompt eilten die Ältesten der Quraysch zu Abdulmuttalib und fragten ihn: „Was hast du vor, Abdulmuttalib?“ Abdulmuttalib entgegnete ihnen verzweifelt, aber energisch: „Ich werde ihn opfern.“ Daraufhin sagten sie zu ihm: „Tu das bloß nicht! Du bist ein Vorbild für uns. Wenn du deinen Sohn opferst, stiftest du damit eine schlimmen Brauch.“ Doch was sie auch sagten, war vergebens. Abdulmuttalib wollte sich nicht von seinem Vorhaben abbringen lassen.

Plötzlich aber verschaffte sich eine Stimme aus der Menge Gehör: „Tu das auf keinen Fall hier und jetzt! Geh vorher erst zu dem berühmten Weisen im Hidjāz, und hol dessen Rat ein. Wenn er dir sagt, dass du deinen Sohn opfern sollst, dann opferst du ihn. Wenn er dir etwas anderes vorschlägt, dann befolgst du es. Somit würdest du dein Wort halten.“

Diese Idee schien Abdulmuttalib zu überzeugen. Er ließ sein Messer fallen und machte sich mit einigen Gefolgsleuten auf den Weg. Dort angekommen, erzählte er dem berühmten Weisen von dem Traum und dem Versprechen und bat ihn, eine Lösung zu finden.

Der Weise fragte ihn: „Wie hoch ist bei euch das Blutgeld (das ein Mörder als Sühne an die Familie des Ermordeten zahlt)?“ „Zehn Kamele“, sagte Abdulmuttalib. „So kehr zurück in deine Stadt, treibe zehn Kamele zusammen, und hol dann deinen Sohn hinzu. Anschließend nimmst du mehrere Pfeile und legst sie in einen Topf. Auf einen davon schreibst du den Namen Abdullah. Danach zieht ihr verdeckt einen Pfeil heraus. Jedes Mal, wenn der Pfeil mit dem Namen darauf gezogen wird, treibt ihr zehn weitere Kamele zusammen. Sobald aber ein Pfeil ohne Namen gezogen wird, ist dein Sohn frei, und du musst ihn nicht mehr opfern."

Diese Lösung machte Abdulmuttalib und seinen Begleiter Hoffnung. Ohne Zeit zu verlieren, kehrten sie nach Mekka zurück. Bevor er den Ratschlag des Weisen ausführte, wandte sich Abdulmuttalib an Gott und betete lange zu Ihm. Dann versammelte er die Kamele und Abdullah auf einem Platz, und das Loseziehen begann. Abdulmuttalib beobachtete das Geschehen und flehte auch weiterhin sorgenvoll zu Gott.

Bei der ersten Ziehung kam der Pfeil mit Abdullahs Namen zum Vorschein. Also mussten weitere zehn Kamele herbeigebracht werden. Auch beim zweiten Mal wurde der Pfeil mit dem Namen gezogen, und so ging es neun Mal hintereinander. Als bereits 100 Kamele zusammengetrieben worden waren, wurde endlich ein Pfeil ohne Namen gezogen. Da gratulierten die

Anwesenden Abdulmuttalib zu seinem Glück und sagten zu ihm: „Nun hast du Allāhs Wohlgefallen erlangt, Abdulmuttalib." Doch dieser wollte sichergehen und ließ drei weitere Male einen Pfeil ziehen. Erst als auch da jedes Mal ein Kamel gezogen wurde, war Abdulmuttalib überzeugt. Er opferte die 100 Kamele und verteilte ihr Fleisch an die Armen. Auf diese Weise löste Abdulmuttalib sein Versprechen ein, das er Allāh einst in dem festen Glauben, es auch zu erfüllen, gegeben hatte.

DIE EHESCHLIESSUNG

ALS SICH DER VORFALL AN der Kaabe ereignete, war Abdullah ein junger und gut aussehender Mann. Viele junge Mädchen wünschten sich, ihn zu heiraten. Doch sein Vater suchte nach einer Frau für ihn, die in jeder Hinsicht zu ihm passte. Schließlich hielt er bei Wehb, dem Oberhaupt der Familie Zuhra, um die Hand von dessen Tochter Āmine an. Āmine war die Schönste und zugleich Tugendhafteste unter den Töchtern des Stammes der Quraysch. Als Abdulmuttalib zu ihm kam, sagte Wehb: „Liebster Cousin. Dein Antrag wurde uns bereits unterbreitet. Āmines Mutter hat heute Nacht geträumt, dass ein so helles Licht Einzug in unser Haus hielt, dass es Himmel und Erde erleuchtete. Und ich selbst habe heute im Traum unseren Großvater, den Propheten Abraham, gesehen. Er sagte zu mir: ‚Ich habe die Ehe zwischen Abdulmuttalibs Sohn Abdullah und deiner Tochter Āmine geschlossen. Gib auch du ihr deine Zustimmung.‘ Seit heute Morgen denke ich an nichts anderes und frage mich, wann ihr endlich kommt.“ Als er dies hörte, pries Abdulmuttalib unendlich glücklich seinen Herrn mit den Worten „Groß ist Gott! *Allāhu ekbar*!“. Kurze Zeit später heirateten Abdullah, der Sohn von Abdulmuttalib, und Āmine, die Tochter von Wehb, und gründeten eine Familie.

Nach der Hochzeit erschien das Licht auf der Stirn von Abdullah auch auf Amines Stirn und kündete an, dass sie mit unserem Propheten schwanger war. Zu jener Zeit war Abdullah, der von Beruf Kaufmann war, mit einer Karawane unterwegs nach Damaskus. Auf dem Rückweg erkrankte er in Medina und konnte die Reise nicht mehr fortsetzen. Die Karawane musste ihn bei seinen Onkeln in Medina zurücklassen. In Mekka teilte man seinem Vater mit, dass Abdullah erkrankt war. Daraufhin schickte Abdulmuttalib seinen ältesten Sohn Hārith nach Medina. Doch er kam mit einer schlimmen Nachricht zurück. Abdullahs Zustand hatte sich so sehr verschlimmert, dass er schließlich gestorben war. So verlor unser Prophet, noch bevor er auf die Welt kam, seinen Vater. Und dieser hatte seinen Sohn Muhammed *sallallahu ʿaleyhi we sellem* nicht ein einziges Mal auf den Schoß nehmen und an sich drücken können.

Die traurige Nachricht stürzte nicht nur Abdulmuttalib und Āmine, sondern ganz Mekka in Trauer. Denn jeder hatte Abdullah gemocht, er war ein anständiger und ehrlicher Mensch. Aber offensichtlich war ihm der Tod in so jungen Jahren vorherbestimmt gewesen. Āmine weinte tagelang um ihren Mann, den sie so früh verloren hatte. Sie hörte auf zu essen und zu trinken und schmolz dahin wie eine Kerze. Ihre Tränen und ihr Schmerz sollten erst zwei Monate später, mit der Geburt ihres Sohnes, gelindert werden. Schon vor der Geburt hatte sie eine Reihe von Eingebungen, und als ihre Niederkunft ganz nahe war, hörte sie eine Stimme zu ihr sprechen: „Du bist schwanger mit dem Haupt der *Umma*. Wenn du ihn auf die Welt gebracht hast, gib ihm den Namen Muhammed.“ Āmine war höchst erstaunt, und sie träumte häufig von dem Säugling in ihrem Bauch.

DIE KAABE – DAS HAUS GOTTES

Es war nicht viel Zeit vergangen nach Abdullahs Tod, als Abdulmuttalib, der immer noch sehr um ihn trauerte, schon mit dem nächsten Problem konfrontiert wurde. Ebrahe, der Statthalter des Jemen, hatte eine Armee aufgestellt und war aufgebrochen, um das Haus Gottes, die Kaabe, zu zerstören. Ebrahe störte sich daran, dass die Menschen in Scharen zur Kaabe pilgerten. Um diesen Besucherstrom in sein Land umzulenken, hatte er einen großen, prachtvollen und pompösen Tempel bauen lassen. Seine Absicht war es, ihn zum beliebtesten Pilgerort zu machen. Doch das Vorhaben misslang, und die Menschen suchten weiterhin die Kaabe auf, und nicht den neuen Tempel.

Zuletzt waren sogar Gedichte aufgetaucht, die den Tempel verhöhnten, und jemand hatte den Tempel heimlich beschmutzt. Das war der Tropfen, der das Fass für Ebrahe überlaufen ließ. Er befahl, sofort eine Armee aufzustellen und drohte: „Ich werde jeden einzelnen Stein der Kaabe zerstören." Daraufhin marschierte ein Heer mit 60.000 Mann und mehreren Elefanten auf Mekka zu. Als es sich der Stadt näherte, begannen die Soldaten, die Besitztümer der Quraysch zu plündern. Auch Abdulmuttalib raubten sie 200 Kamele. Nachdem die Mekkaner von der Stärke des Heeres erfahren hatten und merkten, dass Gegenwehr sinnlos wäre, blieb ihnen nichts anderes übrig, als verzweifelt abzuwarten.

Dann schickte Ebrahe mit einem Boten folgende Nachricht an Abdulmuttalib: „Ich bin nicht hier, um gegen euch Krieg zu führen. Ich bin gekommen, um die Kaabe zu zerstören. Wenn ihr euch dem nicht widersetzt, werde ich euch nichts antun." Abdulmuttalib antwortete dem Boten: „Auch wir haben nicht die Absicht, uns mit ihm anzulegen. Dazu wären wir auch viel zu schwach. Dieses Haus ist das Haus Gottes. Wenn es geschützt werden soll, dann nur durch Ihn. Wenn Er die Zerstörung der Kaabe zulässt, werden wir nichts daran ändern können."

Dann begleitete er den Boten zurück zu Ebrahe. Als Ebrahe Abdulmuttalib vor sich stehen sah, war er vom charismatischen Auftreten des Mekkaners beeindruckt und bewirtete ihn. Ebrahe stieg von seinem erhöhten Podest herunter und setzte sich mit Abdulmuttalib auf den Boden. Über seinen Dolmetscher fragte er Abdulmuttalib: „Was verlangst du von mir?" „Ich möchte, dass du mir die 200 Kamele wiedergibst, die mir deine Soldaten weggenommen haben." Ebrahe war verwundert. Was für ein Anführer war dieser Mann? Während er ihm drohte, seine Stadt zu zerstören, forderte dieser nur seine persönliche Habe zurück und tat so, als würde ihn alles andere nicht interessieren. Ebrahe konnte seine Gedanken nicht verbergen und sagte zu ihm: „Als ich dich eben zum ersten Mal sah, war ich tief beeindruckt von dir. Doch nun, wo ich mich mit dir unterhalte, merke ich, dass du nicht der bist, für den ich dich hielt. Ich drohe dir damit, eure Kaabe zu zerstören, und du fragst nur nach deinen Kamelen."

Abdulmuttalib antwortete ihm mit ernster Miene: „Ich bin nur der Besitzer der Kamele. Der Besitzer der Kaabe ist Allāh. Ohne Zweifel wird Er Sein Haus schützen." Da platzte Ebrahe vor Wut und brüllte ihn an: „Niemand wird die Kaabe vor mir schützen können! Niemand!" Abdulmuttalib aber blieb ungerührt und antwortete ihm: „Wenn das so ist, lass uns sehen, wer stärker ist: Gott oder du?" Die Atmosphäre wurde immer angespannter, Ebrahe immer zorniger. Schließlich gab er Abdulmuttalib seine

Kamele zurück und schickte ihn fort. In Mekka versammelte Abdulmuttalib alle Einwohner um sich und forderte sie auf, die Stadt zu verlassen und angesichts der herannahenden Gefahr in den umliegenden Bergen Zuflucht zu suchen.

Ebrahe gab seinem Heer den Befehl zum Marsch auf die Kaabe. Doch in dem Heer gab es einige, die ihm nicht folgen wollten. Nufeyl, der die Einheit der Elefanten befehligte, beugte sich zum Ohr eines seiner größten Tiere hinunter und flüsterte dem Elefanten namens Mahmud ins Ohr: „Hock dich auf den Boden, und steh erst einmal nicht wieder auf. Später läufst du dann in deine Heimat zurück. Denn dies hier ist ein heiliges Land.“ Dann floh er vom Heer und versteckte sich in den Bergen. Wie durch ein Wunder hockte sich der Elefant Mahmud tatsächlich auf den Boden und blieb zunächst dort sitzen. Auch als man ihn mit allen Mitteln versuchte, zum Weitergehen zu bewegen, ging er keinen Schritt weiter Richtung Mekka. Sie schlugen solange auf ihn ein, bis Mahmud am Ende blutüberströmt war, aber vergebens.

Ebrahe und seine Soldaten wunderten sich noch über diesen Vorfall, als sie bemerkten, dass sich ihnen von der Küste her eine große, dunkle Wolke näherte. Schnell erkannten sie, dass es sich um einen Vogelschwarm handelte:

sogenannte *Ebēbīl* (Mauersegler), die in ihrem Schnabel und in ihren Krallen jeweils einen kleinen Stein transportierten, den sie über den Soldaten abwarfen. Jeder Stein traf einen Soldaten, der augenblicklich tot zusammenbrach. Sofort versank das Heer in Aufruhr, Chaos und Geschrei. Die Soldaten liefen wie wild durcheinander und ließen im Steinhagel ihr Leben. Auch ihr Anführer Ebrahe wurde von einem Stein getroffen, woraufhin sein Körper sich langsam auflöste. Er starb von Angst erfüllt und unter großen Qualen. Das Heer, das es auf das Haus Gottes abgesehen hatte, existierte nicht mehr. Kurz darauf begann es in Strömen zu regnen. Das Wasser spülte die Leichen hinfort und ins Meer. So blieben die heiligen Stätten der Kaabe kurz vor der Geburt des bedeutendsten aller Propheten unversehrt. In Erwartung des letzten Propheten sollte das Bittgebet, das Abraham und sein Sohn einst beim Bau der Kaabe gesprochen hatten, in Erfüllung gehen: „Bitte, Gott, mach unsere Nachfahren zu Muslimen!"

Seit den Zeiten Adams, des ersten Menschen und Propheten, war die Kaabe für die Propheten, die ihm nachfolgten, eine Station auf ihrem Weg gewesen. Hunderte von Propheten wie Abraham und Mose hatten sie authentischen Überlieferungen zufolge besucht. Doch herrschte in der Stadt Mekka, in der man Gott doch am nächsten sein sollte, eine Düsternis, die die Menschen von Gott entfernte. Sie hatten die Religion, die Abraham gestiftet hatte, vergessen und sich stattdessen Götzen aus Stein und Holz gebaut, die sie anbeteten. Sie verbeugten sich vor diesen Götzen, obwohl sie ihnen doch keinerlei Nutzen brachten, und opferten ihnen Tiere. Auch die Kaabe war mittlerweile von Götzen bevölkert.

Armut im Glauben hatte die ganze Welt erfasst, und auch die Arabische Halbinsel litt darunter. Die Menschen urteilten allein aus materiellen Erwägungen heraus, den Armen schenkte niemand mehr Beachtung. Nicht Recht und Ordnung herrschten, sondern das Gesetz des Stärkeren. In der Gesellschaft hatte ein Kastenwesen Einzug gehalten, und die Sklaven waren die Leidtragenden. Die Ehe wurde verachtet, und Frauen galten nur noch als Ware. Viele Mädchen erlitten das Schicksal, in jungen Jahren bei lebendigem Leibe im heißen Sand begraben zu werden.

Doch unter den ungebildeten und unbarmherzigen Bewohnern von Mekka gab es auch solche, die sich alledem verweigerten. Sie waren zwar in der Unterzahl, aber es gab sie: Quss ibn Sëide, Waraqa ibn Newfel, Zeyd ibn ʻAmr, um nur einige von ihnen zu nennen. Sie störten sich an dem Zustand, in dem sich die Stadt und die Menschen befanden, konnten allerdings nicht viel dagegen tun. Ihre einzige Hoffnung ruhte auf dem letzten Propheten, dessen Ankunft sie seit langem erwarteten, weil sie in den Heiligen Schriften angekündigt worden war. Im Evangelium, in der Thora und in anderen Heiligen Schriften wurden die Besonderheiten des letzten Gesandten, der die Zeit der Finsternis beenden sollte, beschrieben. Und so sprachen sie oft von diesem letzten Propheten aus dem Geschlechte Abrahams. Es war, als würde die ganze Welt sehnlichst auf ihn warten.

DIE GESEGNETE GEBURT

Etwa 50 Tage waren seit Ebrahes Angriff auf die Kaabe vergangen. Man schrieb den 20. April 571, einen Montag. Kurz vor Sonnenaufgang hörte seine Mutter Āmine ein lautes Geräusch, das sie ängstigte. Da flog ein weißer Vogel zu ihr und begann, ihr den Rücken zu streicheln. All ihre Furcht und ihre Trauer waren im Nu verflogen. Sie trank den Sirup, der ihr in einem weißen Gefäß gereicht wurde, und fühlte sich von Licht erfüllt. Nur wenige Augenblicke später sollte Muhammed Mustafa sallallāhu 'aleyhi we sellem (der Auserwählte), der Herr der Herzen, die Welt mit seinem Kommen beehren.

Als Āmine merkte, dass sie ihn geboren hatte, richtete sie sich ein wenig auf, um ihn anzuschauen. Da sah sie, dass ihr Sohn die Haltung der *Sedjde* [der Niederwerfung im Gebet] angenommen hatte. Seine Lippen bewegten sich, er sprach leise etwas vor sich hin. Safē, eine Frau, die bei der Geburt dabei gewesen war, näherte sich ihm und hörte, wie er sagte: „Meine Umma, meine Umma!" Dabei streckte er den Zeigefinger Richtung Himmel. Mit dem Moment seiner Geburt war das Zimmer plötzlich so hell erleuchtet, wie es später auch die ganze Welt sein sollte. Es war, als würden sich die auf eine Schnur aufgezogenen Sterne am Himmel über Mutter und Sohn ergießen. Und besondere Aufmerksamkeit zog das Zeichen zwischen den Schulterblättern des kleinen Säuglings auf sich. Dieses schwarzgelbe, von winzigen Härchen gesäumte Zeichen war ein Hinweis darauf, dass er das Siegel der Propheten war.

Die freudige Botschaft von der Geburt wurde sogleich dem Großvater überbracht. Abdulmuttalib rannte zum Geburtshaus. Er nahm seinen Enkel in den Arm, drückte ihn fest an sich, küsste ihn und konnte seine Tränen nicht zurückhalten. Āmine erzählte ihm, was sie während der Schwangerschaft geträumt hatte: Das nach Rosen duftende Kind sollte Muhammed sallallāhu 'aleyhi we sellem genannt werden - der Gepriesene und Gelobte. Mit dem Säugling im Arm ging Abdulmuttalib zur Kaabe, um Gott dafür zu danken, dass Er ihm durch seinen verstorbenen Sohn Abdullah einen Enkel geschenkt hatte. So schloss auch die Kaabe zum ersten Mal Bekanntschaft mit Gottes liebstem Diener.

Die wundersamen Dinge, die sich rund um die Geburt ereignet hatten, waren nicht auf das

Geburtshaus selbst begrenzt geblieben. In der Kaabe waren alle Götzenstatuen umgefallen. Niemand verstand, wie das geschehen konnte. Nach und nach trafen auch aus anderen Orten staunenswerte Nachrichten ein. Es war, als würde die ganze Schöpfung den letzten Gesandten willkommen heißen.

In der Nacht wurde ein neuer Stern am Firmament geboren, was ein jüdischer Gelehrter in Mekka beobachtet hatte. Am Morgen darauf suchte er den Stamm der Quraysch auf und fragte nach: „Ist eurem Stamm in dieser Nacht ein Junge geboren worden?" Aber die Nachricht von Āmines Niederkunft hatte sich noch nicht zu ihnen herumgesprochen. Der Gelehrte riet ihnen: „Dann geht, und erkundigt euch. In dieser Nacht ist der Stern des letzten Gesandten aufgegangen. Er trägt ein Zeichen auf dem Rücken." Die Quraysch befolgten seinen Rat und suchten den Gelehrten anschließend wieder auf. „In der Nacht wurde der Sohn von Abdullah geboren, und er trägt das Muttermal, von dem du sprichst." Der Gelehrte konnte kaum glauben, was er da hörte, und wollte das Kind unbedingt sehen. Als man ihm den Säugling und sein Muttermal zeigte, verließ er fast fluchtartig das Haus mit den Worten: „Die Quraysch werden ein so großes Reich geschenkt bekommen, dass jeder im Osten und im Westen davon hören wird. Das Prophetentum der Israeliten ist damit an sein Ende gekommen."

Auch die Nachrichten, die man aus dem Reich der Perser (Iran) vernahm, waren bemerkenswert. In dem Moment, in dem der Prophet geboren wurde, stürzten 14 der riesigen Säulen im Palast von Chosrau, dem Herrscher, um. Es stellte sich heraus, dass sie ganz einfach eingeknickt waren. Chosrau rief die Priester zusammen und fragte sie, was die Ursache dafür sein könnte. Da traf ein Bote im Palast ein und berichtete, dass einige seit Jahrtausenden brennende Fackeln erloschen waren. Chosrau war schockiert und wandte sich an den ältesten der Priester: „Was soll das alles bedeuten?" Der Priester hatte kurz zuvor einen Traum gehabt und antwortete nun nachdenklich: „Es scheint, als ginge bei den Arabern etwas Bedeutsames vor sich." Sie suchten jemanden, der Licht in das Dunkel bringen konnte, und ihre Wahl fiel auf den Damaszener Hellseher Satīh. Dieser hörte sich an, was sie ihm zu sagen hatten, und antwortete ihnen: „Es wird neue Offenbarungen geben, und der letzte der Propheten wird kommen. Nach dem vierzehnten Schah wird es keinen weiteren Schah mehr geben." Und wirklich bewahrheitete sich diese Prophezeiung 67 Jahre später und alle anderen Vorhersagen des Hellsehers trafen auch zu.

MUHAMMEDS ZEIT BEI DER AMME

Die Bewohner von Mekka klagten oft über die große Hitze in der Stadt, die sie erschöpfte. Außerdem wussten sie, dass unter den Stämmen in der Umgebung Untugenden und Laster nicht so weit verbreitet waren wie in der Stadt. Daher hatten sie sich angewöhnt, ihre Neugeborenen in die Obhut von Ammen zu geben. Diese Ziehmütter kamen zu bestimmten Zeiten im Jahr nach Mekka und kehrten anschließend mit den Säuglingen, für die sie fortan sorgen würden, wieder zurück in ihre Dörfer. Für Geld, Geschenke oder andere Habseligkeiten stillten sie die Kinder zwei bis drei Jahre lang.

In einem Tal nahe Mekka, in dem der Stamm der S'ad lebte, sprach man ein sehr schönes Arabisch; auch konnte man dort besonders gut mit Kindern umgehen. In diesem Jahr, in dem der Prophet geboren wurde, hatte jedoch eine nie dagewesene Dürre das Tal heimgesucht. Eine Hungersnot hatte gewütet und alle Ersparnisse der Menschen aufgezehrt. Weil die Ammen deshalb nur sehr wenig essen konnten, hatten sie kaum Muttermilch. Trotzdem zögerten sie auch diesmal nicht, nach Mekka zu reisen, um ein Kind von dort mitzubringen; schließlich könnte es ihnen ja eine finanzielle Unterstützung sein.

Zusammen mit zehn weiteren Frauen brachen also auch Hārith, seine Frau Halīme und ihr Säugling Abdullah Richtung Mekka auf. Doch Hāriths schwacher Esel und Halīmes altes Kamel kamen so langsam vorwärts, dass die junge Familie vom Rest der Gruppe abgehängt wurde. Als die beiden endlich in Mekka eintrafen, hatten alle anderen schon ein Kind für sich finden können. Da machten sich auch Hārith und Halīme auf die Suche nach einem Säugling. Aber schnell begriffen sie, dass die Kinder der reichen Familien bereits vergeben waren. Da wurde Halīme sehr traurig. Denn nach dem langen, beschwerlichen Marsch wollte sie auf keinen Fall ohne Kind heimkehren. Als sie allein bekümmert durch die Straßen von Mekka streifte, stand plötzlich ein großer und imposanter Mann vor ihr - das Oberhaupt der Quraysch, Abdulmuttalib. Er fragte Halīme: „Zu welcher Familie gehörst du?“ Halīme antwortete: „Ich gehöre zu den Beni Bekr." „Wie ist dein Name?", fragte er weiter. „Halīme", sagte sie. „Da, wo du herkommst, passt man sehr gut auf die Kinder auf und erzieht sie gut. Halīme, ich werde dir ein Angebot machen."

Halīme schaute Abdulmuttalib gespannt an und blieb stumm, bis er ihr sein Angebot unterbreitete. Der Großvater des Propheten atmete tief durch und sagte: „Ich habe ein Enkelkind. Ich habe ihn vor dir schon den anderen Ammen zu geben versucht, doch alle haben ihn abgelehnt. Sie haben ihn verschmäht, weil er Halbwaise ist. Würdest du ihn zu dir nehmen? Vielleicht wird Gott dafür euer Haus segnen und euch beschenken." Halīme fand Gefallen an dem Angebot, wandte aber ein, dass sie zuvor noch den Rat ihres Mannes einholen wolle. Sie erzählte Hārith, was vorgefallen war, und sagte: „Ich will den Jungen mit nach Hause nehmen und nicht als Amme ohne Ziehkind zurückkehren. Was denkst du darüber?" „Ja, du hast Recht. Vielleicht wird Allāh uns ja wirklich durch ihn segnen und beschenken", entgegnete Hārith.

Als beide zusammen Abdulmuttalib davon unterrichteten, dass sie sein Angebot annehmen würden, war er sehr glücklich. Er sprach ein Gebet für sie und brachte Halīme mit ihrem Sohn Abdullah zum Haus von Āmine. Als

Halīme Āmines Zimmer betrat, schlief der Herr der Herzen sallallāhu 'aleyhi we sellem gerade friedlich in seinem Bett, und es duftete wunderbar. Mit Einverständnis von Āmine nahm Halīme den Säugling in den Arm und begann ihn zu stillen. Auf einmal hatte sie mehr Muttermilch als vorher. Also stillte sie erst den Propheten und danach noch ihren eigenen Sohn Abdullah. Nachdem beide satt waren, schliefen sie ein. Vorher hatte Abdullah vor Hunger kein Auge zugetan.

Hārith und Halīme verbrachten die Nacht in Mekka, und als sie am nächsten Tag mit ihrem neuen Ziehkind aufbrechen wollten, sahen sie, dass die Euter ihres alten Kamels plötzlich ebenfalls voll Milch waren. Also melkten sie es und tranken davon. Die Nacht in Mekka war eine gesegnete und glückliche Nacht gewesen; die wohl glücklichste in ihrem Leben bis zu diesem Tage. Und solange der Prophet bei ihnen war, sollte der Strom der Segnungen, die ihnen fortan zuflossen, nicht mehr versiegen.

Als sich Āmine von ihrem nach Rosen duftenden Sohn verabschiedete, war sie untröstlich. Sie umarmte ihr einziges Kind mit Tränen in den Augen und betrachtete es noch einmal sehr lange. Flüsternd betete sie dafür, dass ihm nichts zustoßen möge. Halīme stieg mit dem Propheten im Arm auf den schwachen Esel. Da war auch dieses

Tier plötzlich wie verwandelt. Es trottete nicht mehr langsam vor sich hin, sondern galoppierte fast. Schon bald holten sie ihre Freunde ein, die bereits am Abend vorher aufgebrochen waren und nun sehr ausgelaugt und müde aussahen. Halīme und Hārith hingegen fühlten sich frisch und gut bei Kräften. Ihren Weggefährten war das unbegreiflich. Sie fragten Halīme: „Halīme, wie ist das möglich? Auf dem Hinweg seid ihr doch immer hinter uns zurückgeblieben und habt euch dann sogar ziemlich verspätet. Hast du etwa einen neuen Esel?"

Halīme und Hārith erkannten schnell, dass sie den Segen, der nun über ihre Familie kam, ihrem Ziehsohn aus Mekka verdankten. Auch der sonst so karge und trockene Boden war ertragreicher als sonst, und die Tiere ihrer Herde gaben mehr Milch. Das ging sogar soweit, dass die anderen Herdenbesitzer ihre Hirten zu sich riefen und mit ihnen schimpften: „Schande über euch! Wieso lasst ihr die Tiere nicht da weiden, wo Halīme ihre Tiere hat? Wenn unsere Schafe satt wären, würden sie auch mehr Milch geben." Zwischen den Besitzern und den Hirten gab es fast jeden Tag Streit. Die Tiere auf den anderen Weiden waren bald so ausgehungert, dass sie aussahen, als könnten sie jeden Moment verenden. Irgendwann wurden die Dürre und die Hungersnot so extrem, dass man beschloss, Bittgebete für Regen zu sprechen. An einem Freitag stiegen die Männer, Frauen und Kinder des Stammes alle zusammen auf einen nahegelegenen Hügel. Dort beteten sie stundenlang mit einem Priester, doch es fiel kein Tropfen Wasser zur Erde. Verzweiflung begann sich breitzumachen, als sich eine alte Frau zu Wort meldete und sagte: „Im Haus unserer Nachbarin Halīme lebt dieses wundersame Kind aus Mekka. Seitdem es bei ihnen ist, regnet Segen vom Himmel herab. Wieso probieren wir nicht, mit ihm zu beten? Vielleicht schenkt uns Gott ja dann Seinen Segen."

Die Idee gefiel dem Priester. Die alte Frau machte Halīme unter den Versammelten ausfindig und erzählte ihr von ihrer Idee. Halīme hatte den Propheten nicht mit zu dem Gebet genommen, weil es zu heiß gewesen war. Also ging sie ihn mit der alten Frau zusammen holen. Halīme wickelte ihren geliebten Ziehsohn in ein Tuch, um ihn vor der Sonne zu schützen, und verdeckte auch sein Gesicht. Auf dem Rückweg den Hügel hinauf bemerkten sie, dass eine kleine Wolke sie begleitete. Das blieb auch dem Priester nicht verborgen, der sie aus der Ferne beobachtete. Dadurch wuchs auch seine Hoffnung, dass dieses Kind aus Mekka ihnen Segen bringen werde.

Der Priester nahm den Herrn der Herzen in den Arm und sprach zu der Menge: „Ihr Menschen, die ihr euch hier versammelt habt! Betet im Namen dieses Kindes für Regen. Hoffen wir darauf, dass Allāh ihm wohl gesonnen ist.“ Dabei konnte er seinen Blick nicht von den Augen des Propheten abwenden. Während die Menschen beteten, vergrößerte sich die kleine Wolke, die unseren Propheten behütete, und wurde immer dunkler. Dann war der ersehnte Moment gekommen. Alle Anwesenden schrien auf vor Glück. „Es regnet! Es regnet! Es regnet!“, riefen sie. Mit kurzen Unterbrechungen dauerte der Regen eine Woche an. Die Weideplätze grünten, die Wasserquellen füllten sich wieder, und die Bäume setzten neue Früchte an. Die Tiere wurden satt und gaben mehr Milch. Der Segen von Halīmes Haus hatte sich auf das ganze Tal übertragen.

Die Jahre verstrichen, und der Herr der Herzen sallallāhu ʿaleyhi we sellem wuchs heran. Er brauchte nun keine Muttermilch mehr. Der Zeitpunkt für die Rückgabe des Kindes, den Halīme mit Āmine und Abdulmuttalib vereinbart hatte, nahte. Um ihr Wort zu halten, brachten Halīme und Hārith ihren Ziehsohn nach Mekka zurück. Āmine weinte vor Glück, als sie ihren einzigen Sohn wiedersah, und drückte ihn fest an sich. Halīme hingegen war todtraurig. Sie wollte sich nicht von ihm trennen und spürte, wie sich ihre Brust schon bei dem Gedanken daran verengte. Deshalb bat sie Āmine in flehendem Ton: „In der Stadt geht die Pest um. Ich habe Angst, dass er sich ansteckt. Sollten wir Muhammed nicht noch eine Zeitlang bei uns behalten?" Āmine missfiel der Vorschlag, aber tatsächlich hatte auch sie Angst vor der Krankheit. Daher willigte sie schließlich wohl oder übel ein.

Voller Freude kehrten Halīme und Hārith mit ihrem Ziehsohn in ihre Heimat zurück. Dort verbrachte der Prophet zwei weitere Jahre bei seinen Zieheltern und Ziehgeschwistern. Sie alle liebten ihn sehr und gaben gut auf ihn Acht. Aber einmal, als die Kinder hinter dem Haus spielten, kam Abdullah zu seiner Mutter Halīme gerannt und berichtete ihr aufgeregt: „Zwei in Weiß gekleidete Männer haben Muhammed auf den Boden gelegt und seine Brust geöffnet." Halīme und Hārith gerieten in Panik und folgten Abdullah nach draußen. Dort stand Muhammed sallallāhu 'aleyhi we sellem zwar aufrecht auf seinen Füßen, war aber leichenblass im Gesicht. Halīme und Hārith nahmen ihn in den Arm und fragten ihn: „Was ist mit dir passiert?" Der Herr der Herzen sallallāhu 'aleyhi we sellem antwortete:

„Zwei Männer in Weiß kamen auf mich zu. Sie legten mich auf den Boden und öffneten meine

Brust. Dann holten sie mein Herz heraus, schnitten es auf und entnahmen ihm ein schwarzes Stück. Danach wuschen sie mein Herz und meine Brust in Schnee und in Eis. Dann sagte der eine zu dem anderen: ‚Wiege ihn gegen 10 Menschen aus seiner Gemeinschaft ab!' Also wogen sie uns ab, und ich war schwerer. Daraufhin sagte der eine: ‚Wiege ihn gegen 100 ab!' Also wogen sie uns ab, und ich war schwerer. Nun sagte er: ‚Wiege ihn gegen 1.000 ab!' Wieder war ich schwerer. Nun sagte er: ‚Lass es gut sein! Bei Gott, selbst wenn du ihn gegen seine ganze Gemeinschaft abwiegen würdest, würde er schwerer wiegen.'"

Halîme und Hārith waren aufs Äußerste besorgt. Hārith sagte: „Halîme, ich habe Angst, dass dem Kind etwas zustößt. Vielleicht sollten wir ihn doch besser wieder nach Mekka zu seiner Familie bringen." Halîme stimmte seinem Vorschlag zu. Es wäre bestimmt das Richtige, das ihnen anvertraute Kind zurückzugeben. Umgehend brachen sie nach Mekka auf und brachten ihn zu seiner Mutter Āmine.

So endete dieser Lebensabschnitt bei seiner Ziehmutter, als der Prophet vier Jahre alt war.

ABSCHIED VON DER MUTTER

Endlich lebte der Prophet bei seiner Mutter. Und auch hier wuchs er allen schnell ans Herz. Āmine versuchte nach Kräften, ihren Sohn das Fehlen seines Vaters nicht spüren zu lassen. Großvater und Onkel waren immer für ihn da.

Als der Prophet sechs Jahre alt war, beschloss seine Mutter, in Begleitung von ihrer Haushälterin Ummu Eymen und Muhammed sallallāhu 'aleyhi we sellem nach Medina zu reisen, um ihre Verwandten zu besuchen und am Grab ihres Mannes Abdullah zu beten. In Medina wurde der Prophet von großer Trauer ergriffen. Denn am Grab seines Vaters, den er nie kennengelernt hatte, spürte er zum ersten Mal, dass er Halbwaise war. Seine Tränen tropften auf die Erde des Grabes.

Nur wenige Tage nach dem Besuch am Grab erkrankte Āmine plötzlich. Ihr Zustand verschlechterte sich so sehr, dass sie nach Mekka zurückkehren mussten. In der Nähe des Dorfes Ebwā verließen Āmine die letzten Kräfte. Als sie unter einem Baum rasteten, wurde Muhammed sallallâhu 'aleyhi we sellem klar, dass seine schöne Mutter Abschied von ihm und dieser Welt nehmen musste. Sie heftete ihren Blick auf das leuchtende Gesicht ihres Sohnes und weinte bitterlich, weil ihr Kind nun Vollwaise sein würde. Auch Ummu Eymen und der kleine Muhammed sallallâhu 'aleyhi we sellem konnten ihre Tränen nicht zurückhalten. Muhammed sallallâhu 'aleyhi we sellem legte den Kopf in den Schoß seiner Mutter und fragte sie wieder und wieder: „Wie geht es dir Mutter?" Āmine brach es fast das Herz, und sie sagte: „Wenn der Traum, den ich sah, der Wahrheit entspricht, dann bist du der Prophet, den Gott der ganzen Schöpfung geschickt hat. Du wirst die Botschaft Abrahams vollenden und die Götzen beseitigen. Jedes Lebewesen muss irgendwann sterben, und alles, was früher einmal neu war, wird irgendwann alt. Heute ist meine Zeit gekommen. Doch mein Name wird überdauern, weil ich einen wunderschönen Sohn geboren habe, den ich dieser Welt hinterlasse." Nach diesen letzten Worten schaute sie ihrem geliebten Sohn noch einmal in die Augen, dann hauchte sie ihren letzten Atemzug aus. Der Prophet war nun Vollwaise geworden, und er litt unbeschreiblichen Kummer. Unterstützt von Ummu Eymen und einigen Bewohnern des Dorfes beerdigte er seine Mutter Āmine und kehrte nach Mekka zurück.

ABDULLAHS NACHKOMME

NACHDEM UMMU EYMEN den Propheten bei seinem Großvater abgeliefert hatte, erzählte dieser ihm, was unterwegs passiert war. Der plötzliche Tod seiner Schwiegertochter Āmine schockierte Abdulmuttalib zutiefst. Sein Enkel hatte seinen Vater nie kennenlernen dürfen, und nun war auch seine Mutter von ihm gegangen. Mitfühlend blickte er ihn an. Von nun an würde er selbst Abdullahs Erben unter seine Fittiche nehmen. Er versuchte, ihn die Abwesenheit seiner Eltern so weit wie möglich vergessen zu lassen, und nahm ihn überall mit hin; selbst zu Versammlungen mit den Stadtoberen von Mekka, wo es vorkam, dass Muhammed sallallāhu 'aleyhi we sellem um Rat und nach seiner Meinung gefragt wurde.

Eines Tages reiste Abdulmuttalib ohne seinen Enkel mit einer Gruppe von Quraysch in den Jemen. Während dieses Besuchs suchte der äthiopische Herrscher Seyf, der zu jener Zeit auch über den Jemen herrschte, auffällig seine Nähe. Als sie einmal allein waren, zog er Abdulmuttalib beiseite und sagte ihm unter vier Augen: „Abdulmuttalib, ich werde dir einige Geheimnisse verraten. Ich vertraue sie dir an, weil ich sehe, dass diese Dinge mit dir in Verbindung stehen. Erzähl aber solange niemandem davon, bis Gott es dir erlaubt. In unseren heiligen Schriften heißt es, dass ein Kind geboren wird und dass dieses Kind ein Zeichen zwischen den Schulterblättern tragen wird. Es wird bis zum Tag des Jüngsten Gerichts euer Oberhaupt sein. Der Zeitpunkt seiner Geburt ist gekommen. Der Name des Kindes ist Muhammed. Es wird sehr früh seine Eltern verlieren. Danach wird es zuerst in der Obhut seines Großvaters, dann in der seines Onkels aufwachsen. Wir reden inzwischen über nichts anderes mehr als über sein Kommen. Mit seiner Ankunft werden die Anbetung des Feuers und der Götzen ein Ende haben. Und du, Abdulmuttalib, bist - so glaube ich jedenfalls - der Großvater dieses Kindes."

Abdulmuttalib war wenig überrascht, das zu hören. Er nickte langsam und sprach: „Ja, jemenitischer Herrscher. Ich hatte einen Sohn, Abdullah, den ich sehr geliebt und für den ich immer gesorgt habe. Ich habe ihn mit Āmine verheiratet, der Tochter von Wehb, einem wunderbaren Mädchen. Als Āmine schwanger war, starb Abdullah. Dann brachte sie einen Sohn zur Welt, den wir Muhammed nannten. Doch bald darauf starb auch seine Mutter. Und nun lebt er bei mir."

Ungeduldig platzte es aus Seyf heraus: „Ich wusste es doch, Abdulmuttalib. Pass gut auf ihn auf. Wäre ich mir sicher, dass ich noch lang genug lebe, würde ich mich in Medina niederlassen und ihn dort erwarten. Denn in den Heiligen Schriften habe ich gelesen, dass er mit seiner neuen Religion und seinen Unterstützern dorthin gehen wird. Auch sein Grabmal soll einst dort stehen."

Noch lange, nachdem Abdulmuttalib aus dem Jemen nach Mekka zurückgekehrt war, gingen ihm Seyfs Worte im Kopf herum. Dass sein Enkelkind eine besondere Zukunft vor sich hatte, war ihm klar. Aber als barmherziger Großvater machte er sich auch Sorgen um Muhammeds Zukunft. Denn nicht nur Seyf war auf die Prophezeiungen zu seinem Enkel gestoßen. Alle, die damals die Heiligen Schriften studierten und in der Religion bewandert waren, ahnten, dass der Enkelsohn von Abdulmuttalib der letzte Gesandte Gottes sein musste. Abdulmuttalib wiederum glaubte, dass er ihn vor eifersüchtigen Gelehrten schützen musste – nicht nur, weil er der Erbe seines Sohnes Abdullah war, sondern weil er der letzte Prophet sein würde, der den Menschen den rechten Weg weisen würde.

Als der Prophet acht Jahre alt wurde, merkte Muhammed sallallāhu 'aleyhi we sellem, dass nach seinen Eltern nun auch sein Großvater im Begriff stand, Abschied von dieser Welt zu nehmen. In seinen letzten Jahren hatte Abdulmuttalib nur noch für seinen Enkel gelebt. Eines Tages sagte er zu seinem Sohn Ebū Tālib: „Mein Enkel wird später einmal hohes Ansehen genießen. Ich vertraue ihn dir an." Und so gab er den Propheten in die Obhut von Ebū Tālib, der für sein mitfühlendes Wesen bekannt war. Wenig später verstarb Abdulmuttalib im Alter von 82 Jahren. Als den Propheten die Nachricht vom Tod seines Großvaters erreichte, eilte er zum Leichnam des Verstorbenen und weinte lange bei ihm. Sein Großvater, der ihn immer beschützt und so geliebt hatte, weilte nun nicht mehr bei ihm.

UNTER DEM SCHUTZ DES ONKELS

ALS EBŪ TĀLIB MUHAMmed sallallāhu 'aleyhi we sellem bei seinem toten Großvater weinen sah, erschütterte ihn das zutiefst. Der Junge war das Kind seines Bruders, und er war ihm von seinem Vater anvertraut worden. Also schloss Ebū Tālib ihn in die Arme. Ab heute würde er Muhammed sallallāhu 'aleyhi we sellem wie ein Vater sein, und seine Frau würde ihm wie eine Mutter sein.

Ebū Tālib nahm seinen kleinen Neffen Muhammed sallallāhu 'aleyhi we sellem also zu sich, und sofort wurde auch sein Haus reich gesegnet. Vorher hatte bei ihnen zumeist so wenig Essen auf dem Tisch gestanden, dass es den Appetit der Familie kaum stillen konnte; nun blieb sogar immer noch etwas übrig. Ebū Tālib liebte seinen Neffen schon nach kurzer Zeit mehr als seine eigenen Kinder und bemühte sich, ihm ein mitfühlender und aufmerksamer Ziehvater zu sein. Genau wie viele andere Quraysch war auch Ebū Tālib von Beruf Kaufmann. Eines Tages rüstete eine Handelskarawane zum Aufbruch von Mekka nach Damaskus, und er beschloss, sich ihr anzuschließen. Diese Unternehmung würde ihm einiges Geld einbringen, das er zur Versorgung seiner Familie gut gebrauchen konnte. Er dachte lange darüber nach, ob er Muhammed sallallâhu 'aleyhi we sellem mit auf die Reise nehmen sollte, doch befürchtete er, dass ihm unterwegs etwas zustoßen könnte. Als er gerade dabei war, seine Sachen für die Reise zu packen, kam sein Neffe zu ihm und fragte ihn unter Tränen: „Onkel, in wessen Obhut willst du mich während deiner Abwesenheit geben? Ich habe doch keine Mutter und keinen Vater mehr." Diese Worte bewegten Ebū Tālib so sehr, dass er kurzerhand einwilligte: „Also gut, mein liebster Muhammed, du kommst mit mir. Du brauchst nicht mehr zu weinen."

Nachdem die letzten Vorkehrungen getroffen waren, zog die Karawane los. Eine Station auf ihrem Weg war die Stadt Busrā. Im Kloster von Busrā lebte ein christlicher Mönch namens Bahīra. Er hatte beobachtet, wie sich eine Karawane näherte, die von einer Wolke begleitet wurde; und diese Wolke schien jemandem in der Reisegruppe Schatten zu spenden. Da sagte er sich: „In dieser Karawane muss es einen besonderen Menschen geben. Könnte dies vielleicht der letzte Prophet sein, der in den Heiligen Schriften beschrieben wird?“ Bahīra konnte seine Neugier nicht bändigen und brannte darauf, das Geheimnis um die Wolke zu lüften. Als die Karawane das Kloster passieren wollte, lud er die Reisenden zum Essen ein.

Bahīra musterte jeden Einzelnen seiner Gäste. Als er niemanden unter ihnen fand, auf den die Beschreibung aus den Heiligen Schriften passte, fragte er: „Sind alle von euch zum Essen gekommen?“ „Ja, bis auf ein Kind sind wir alle hier“, antwortete ihm jemand. Da bat Bahīra: „Bitte ruft auch dieses Kind herbei. Er soll nicht ausgeschlossen bleiben.“ Daraufhin ging einer von ihnen zu Muhammed sallallāhu 'aleyhi we sellem und holte auch ihn in das Kloster. Als Bahīra den Jungen sah, wusste er sofort, dass es sich um den letzten Propheten handelte. Er sagte zu ihm: „Sei mir gegrüßt, mein Junge. Ich möchte dir ein paar Fragen stellen. Bitte antworte mir aufrichtig und ehrlich, bei unseren Göttern Lēt und Uzzē!“ Aber Muhammed sallallāhu 'aleyhi we sellem erwiderte: „Rede nicht mit mir über Lēt und Uzzē. Ich verabscheue sie über alles!“ „Gut, dann antworte mir bitte im Namen Allāhs!“, lenkte Bahīra ein.

Dann stellte er Muhammed sallallāhu 'aleyhi we sellem seine Fragen, und dieser beantwortete sie ihm. Was Bahīra von ihm erfuhr, stimmte genau mit den Schilderungen in den Heiligen Schriften überein. Am

Ende entdeckte der Mönch das Mal zwischen seinen Schulterblättern, und von da an war er sich ganz sicher, dass der letzte Gesandte Gottes vor ihm stand. Er wandte sich an Ebū Tālib und fragte ihn: „In welchem Verhältnis stehst du zu dem Kind?" „Er ist mein Sohn", sagte Ebū Tālib. Aber Bahīra hielt ihm mit aller Gewissheit entgegen: „Er kann nicht dein Sohn sein. Der Vater von diesem Jungen dürfte nicht mehr am Leben sein." Da berichtigte sich Ebū Tālib: „Du hast Recht, er ist der Sohn meines Bruders." Bahīra fragte ihn weiter: „Was ist mit seinem Vater geschehen?" „Er ist gestorben, als seine Mutter mit ihm schwanger war." „Und was ist mit seiner Mutter?" „Sie starb, als Muhammed sechs Jahre alt war." Da trat Bahīra einige Schritte auf ihn zu und warnte ihn: „Ja, du sagst die Wahrheit. Bring ihn schnell zurück nach Hause, denn er ist der letzte der Propheten. Die Juden hoffen darauf, dass dieser letzte Prophet aus ihren eigenen Reihen hervorgehen möge. Wenn die Böswilligen unter ihnen von der Existenz dieses Jungen erfahren, werden sie ihn möglicherweise aus Neid umbringen wollen."

Ebū Tālib, der seinen Neffen über alles liebte, schenkte Bahīras Worten Glauben. Er verkaufte seine Ware und kehrte mit Muhammed sallallāhu ʿaleyhi we sellem nach Mekka zurück.

FREI VON SÜNDE

BAHĪRAS RATSCHLAG beherzigend, gab Ebū Tālib von nun an noch mehr Acht auf seinen Neffen als ohnehin schon. Indessen wuchs Muhammed sallallāhu 'aleyhi we sellem heran und zog die Blicke der Menschen auf sich. Er führte ein untadeliges Leben, frei von Sünde, weil er unter dem besonderen Schutz Gottes stand. Dadurch stach er aus der Masse hervor. Wenn es eine gute Tat zu verrichten gab, zögerte er keine Sekunde. Zugleich hielt er sich von allem Unrecht fern, geschweige denn, dass er selber auch nur irgendeine Übeltat begangen hätte. Zudem hasste er die Götter, die die Mekkaner anbeteten und die aus ihrem Leben nicht wegzudenken waren: selbstgemachte Götzen aus Holz und Stein, die von der tief verwurzelten Unwissenheit ihrer Anhänger kündeten.

Let und Uzzē zählten zu den bedeutendsten Götzen der Mekkaner; in ihrem Namen schworen sie ihre Eide. Einer dieser leblosen Götzen stand in einem Ort namens Buwāne, in der Nähe von Mekka, und wurde an bestimmten Tagen im Jahr aufgesucht. Die Leute opferten ihm Tiere, bildeten einen Kreis um ihn und beteten ihn an. Einmal schlug Ebū Tālib seinem Neffen Muhammed sallallāhu 'aleyhi we sellem vor, ihn nach Buwāne zu begleiten. Der zukünftige Prophet aber weigerte sich strikt, mitzukommen, was Ebū Tālib verärgerte. Da schalteten sich Muhammeds Tanten ein und versuchten zu vermitteln: „O Muhammed! Wieso weigerst du dich, diesen Festtag mit deiner Gemeinschaft zu verbringen. Deine Ablehnung dieser Götter wird dich noch in Schwierigkeiten bringen."

Der Prophet fühlte sich bedrängt und verließ das Haus. Ihn zog nichts an einen Ort, an dem leblose Götzen mit dem allmächtigen Schöpfer gleichgesetzt wurden. Er wollte lieber allein sein. Doch schon nach kurzer Zeit kehrte er verängstigt zu seinen Tanten zurück. Als sie ihn in diesem Zustand sahen, fragten sie ihn besorgt: „Was ist los mit dir Muhammed? Was hat dir solche Angst eingejagt?" „Ich befürchte, dass mir etwas zustoßen könnte." „Gott wird dich nicht mit dem Teufel prüfen. Wir wissen doch alle, dass du ein guter Mensch bist." Doch Muhammed sallallāhu 'aleyhi we sellem gab seinen Tanten zu verstehen: „Sobald ich auch nur einen Schritt auf eure Götzen zugehe, kommt ein großer weiß gekleideter Mann auf mich zu und ermahnt mich mit den Worten: ‚Nähere dich ihnen auf keinen Fall. Bleib, wo du bist, Muhammed!'"

Von diesem Tag an sprach der zukünftige Prophet nie wieder mit seinen Verwandten über die Götzen; und nie wieder bedrängten sie ihn, die Götzen aufzusuchen. Und diese Begebenheit war beispielhaft für seine Jugendjahre: Jedes Mal, wenn er in eine Situation zu kommen drohte, die ihn mit Sünde und Unrecht konfrontiert hätte, hielt Gott Seine schützende Hand über Seinen Gesandten.

Muhammed sallallâhu ʿaleyhi we sellem unterschied sich in vielerlei Hinsicht von seinen Altersgenossen. Mittlerweile 20 Jahre alt, wurde er allseits bewundert. Viele Mekkaner suchten seinen Rat, da seine Worte und Empfehlungen stets gut durchdacht waren. Sein tugendhaftes Auftreten und seine Verlässlichkeit trugen ihm den Ehrennamen Emīn oder Muhammed ul-Emīn sallallâhu ʿaleyhi we sellem ein: Muhammed der Vertrauenswürdige sallallâhu ʿaleyhi we sellem. Was seinen persönlichen Umgang betraf, suchte er stets den Kontakt zu anderen tugendhaften Menschen. Bei ihnen hielt er sich auf, und wenn ihm dies nicht möglich war, blieb er allein für sich. Zu keiner Zeit aber ließ er sich vom verwerflichen

Lebenswandel der meisten Mekkaner in Versuchung führen. Sein bester Freund war Ebū Bekr, der Sohn von Ebū Quhāfe. Dieser war zwei Jahre jünger als er, respektierte ihn sehr und nahm ihn sich zum Vorbild. Die beiden ähnelten einander, deshalb wurden sie Freunde. Und die Mekkaner gewöhnten sich daran, die zwei immer zusammen zu sehen.

Die wenigen tugendhaften Menschen in Mekka konnten jedoch nicht darüber hinwegtäuschen, dass in der Stadt das Unrecht regierte und allmählich überhandnahm. Für den Besitz und das Leben von Besuchern und ärmeren Stadtbewohnern gab es keine Sicherheit mehr. Zuletzt war ein jemenitischer Händler mit einem vollbeladenen Kamel nach Mekka gekommen. Dort war einer der vornehmeren Mekkaner namens ʿĀs an ihn herangetreten und hatte ihm seine Ware abgenommen, ohne ihm anschließend den verabredeten Kaufpreis auszubezahlen. Der Händler geriet in große Sorge und wusste nicht, was er tun sollte. Also suchte er einige Familien auf, die in Mekka das Sagen hatten. Doch auch sie halfen ihm nicht weiter, denn niemand wollte sich mit ʿĀs anlegen. Als der Händler jede Hoffnung verloren hatte, stieg er auf den Ebū-Qubeys-Hügel gegenüber der Kaabe und begann zu wehklagen. Damit war ein Höhepunkt des in

Mekka verübten Unrechts erreicht.

Zubeyr, ein Onkel Muhammeds, eilte ihm zu Hilfe und fragte ihn: „Was ist mit dir?“ Verzweifelt, aber froh, jemanden gefunden zu haben, der ihm zuhörte, erzählte der Mann Zubeyr von dem Vorfall. Daraufhin versammelten sich die Vertreter aller wichtigen Familien und beratschlagten nach einem gemeinsamen Essen, was getan werden konnte. Am Ende beschlossen sie, solches Unrecht nicht länger zu dulden. Sie versprachen, den Opfern zu helfen, die Täter zu bestrafen und für Gerechtigkeit zu sorgen. Zu einer Zeit, in der es keine Menschenrechte gab und die Stärkeren mit den Schwächeren machen konnten, was sie wollten, war dies ein großer erster Schritt. Auch Muhammed sallallâhu 'aleyhi we sellem hatte an der Versammlung teilgenommen. Durchgesetzt wurde der gemeinsame Beschluss erstmals zugunsten des jemenitischen Händlers. Als alle Anführer von Mekka sich gegen 'Ās stellten, sah sich dieser gezwungen, dem Händler sein Geld auszuzahlen.

Kurze Zeit später passierte noch etwas Unvorhergesehenes in Mekka. Der Stamm der Kinēne, zu denen auch die Familie der Quraysch gehörte, hatte dem Stamm der Qays den Krieg erklärt. Die Auseinandersetzung war in den Monat Muharram gefallen, der den Arabern heilig war. In diesem Monat waren alle Kämpfe untersagt. Doch niemand hatte sich daran gehalten, und der Fidschār-Krieg, der Krieg der Sünde, war entbrannt. Auch der Prophet hatte sich dem nicht ganz entziehen können. Allerdings hatte er niemanden getötet, sondern lediglich Pfeile aufgesammelt und an seine Onkel weitergereicht. Viele Männer kamen ums Leben. Aber nun machte ein Mann von den Quraysch den Vorschlag, die sinnlose Auseinandersetzung zu beenden und Frieden zu schließen. Und tatsächlich wurde der Vorschlag angenommen, und es kehrte wieder Ruhe in Mekka ein.

DER LANGE ERWARTETE PROPHET

DREI, VIER WEITERE JAHRE vergingen, und der Prophet wurde 25 Jahre alt. Zu jener Zeit bereitete man gerade eine Karawane vor, die von Mekka nach Damaskus aufbrechen sollte. Besitzerin dieser Karawane war die reichste Frau von Mekka, Khadīdsche. Sie suchte nach einem vertrauensvollen Mann, der die Karawane für sie nach Damaskus führen und dort ihre Handelsinteressen vertreten konnte. Zu diesem Zweck hatte sie ihre Mitarbeiter angewiesen, nach geeigneten Kandidaten Ausschau zu halten, unter denen sie dann den Richtigen auswählen wollte.

Ebū Tālib hatte davon gehört und sagte zu Muhammed sállallahu aleyhi we sellem: „Mein lieber Neffe, wir stehen kurz vor dem Nichts. Wir haben keine Ware mehr und können daher auch nicht mehr Handel treiben. Aber in Kürze wird eine Karawane nach Damaskus ziehen, und ihre Besitzerin

Khadīdsche sucht jemanden, der vor Ort ihre Geschäfte regelt. Zwar möchte ich nicht, dass du nach Damaskus gehst, weil ich Angst habe, dass die Menschen dir dort etwas antun könnten. Aber mir sind die Hände gebunden. Wie wäre es, wenn ich Khadīdsche vorschlagen würde, dich in ihre Dienste zu nehmen? Dein Ruf, aufrichtig zu sein und ein reines Herz zu haben, eilt dir voraus. Daher könnte ich mir gut vorstellen, dass sie dir ihre Karawane anvertraut." Muhammed sallallāhu 'aleyhi we sellem signalisierte ihm mit einem Blick sein Einverständnis.

Also machte sich Ebū Tālib auf den Weg zu Khadīdsche, um bei ihr Werbung für seinen Neffen zu machen - Muhammed ul-Emīn sallallāhu 'aleyhi we sellem, den vertrauenswürdigsten und ehrlichsten Menschen in Mekka. Darüber hinaus war er sogar fest entschlossen, einen doppelt so hohen Lohn wie üblich für Muhammed sallallāhu 'aleyhi we sellem auszuhandeln. Und so sprach er bei ihr vor und berichtete ihr ausführlich von Muhammeds außerordentlichen Fähigkeiten und seiner Tugendhaftigkeit.

Was Ebū Tālib nicht ahnte, war, dass Khadīdsche schon lange auf diesen Moment gewartet hatte. Tatsächlich wünschte sie sich nichts sehnlicher, als seinem Neffen näher zu kommen.

Schon in jungen Jahren war Khadīdsche Witwe geworden, aber was ihren Reichtum und ihre

Ehrbarkeit betraf, konnte es keine Frau in Mekka mit ihr aufnehmen. In einer Zeit, in der die meisten Frauen ein Leben voller Erniedrigungen führen mussten, gebot sie über Handelskarawanen, die von Land zu Land reisten. Außerdem gehörte sie zu den tugendhaften Bewohnern von Mekka. Ihr Cousin war Waraqa ibn Newfel, ein Gelehrter mit großem Wissen über die Religionen und ihr wichtigster Beistand und Berater.

Waraqa hatte den Götzendienst schon immer verurteilt und versuchte herauszufinden, welches die wahre Religion sei. Er konnte die Thora und das Evangelium im Original lesen und verstehen, kannte sich also sowohl im Judentum als auch im Christentum gut aus. Und so war auch er auf die Spur des letzten der Propheten gestoßen. Schon seit geraumer Zeit beschäftigte er sich mit keinem anderen Thema mehr. Seine Nachforschungen erstrecken sich auf die ganze Arabische Halbinsel.

Auch Khadīdsche gehörte zu denen, die an das Kommen des letzten Propheten glaubten und es herbeisehnten. Einmal hatte sie geträumt, dass ein Stern oder ein Mond erst ihr Haus und dann ihr Herz in strahlend helles Licht tauchte. Am Ende ihres Traums war die ganze Welt vom Licht dieses Himmelskörpers verwandelt und erleuchtet worden. Als sie Waraqa davon erzählte, konnte der alte Gelehrte kaum glauben, was er da hörte, und sagte: „Welch großes Glück, liebe Cousine! Dir wird unvergleichlicher Segen zuteilwerden. Ohne Zweifel ist dieser Traum ein Zeichen Gottes für das Geschenk, das Er dir machen wird. Schon bald wird Gott dir ein Licht schicken. Ich bin mir nicht sicher, aber ich glaube, es ist das Licht des Propheten." Khadīdsche war sprachlos, und Waraqa fuhr fort: „Der Prophet der Endzeit wurde geboren. Und du wirst ihm eine Familie sein. Während du an seiner Seite weilst, wird er Offenbarungen empfangen, und seine Religion wird in der ganzen Welt bekannt werden. Du wirst die Erste sein, die an ihn glaubt. Dieser Prophet wird aus dem Stamm der Quraysch und aus der Familie der Hēschim hervorgehen."

Khadīdsche hatte noch mehr Träume, die ihr weitere Botschaften vermittelten. Außerdem wurde sie Zeuge einer Reihe von denkwürdigen Ereignissen. An einem Festtag zum Beispiel hatten sich die Frauen von Mekka an der Kaabe versammelt, um dort gemeinsam zu feiern. Khadīdsche hatte das Heiligtum umschritten und anschließend zu Gott gebetet. Dann hatte sie sich zu den anderen Frauen gesellt. Kurze Zeit später war plötzlich ein Mann aufgetaucht, den sie nicht kannten, und hatte mit erregter Stimme zu ihnen gesagt: „Ihr Frauen von Mekka! In eurer Heimat wird bald ein Prophet erscheinen. Sein Name ist *Ahmed*. Wenn eine von euch die Gelegenheit bekommt, ihn zu heiraten, sollte sie das ohne zu zögern tun." Viele der Frauen dachten, der Mann sei verrückt und wisse nicht, was er da sagte. Sie warfen ihm böse Blicke zu und bewarfen ihn sogar mit Steinchen. Aber es war klar, von wem er da gesprochen hatte, und zumindest eine der Frauen hatte ihm aufmerksam zugehört: Khadīdsche.

Khadīdsche hatte schon vorher viel über die Ankunft des letzten der Propheten gehört. Nun aber suchte sie selbst erwartungsvoll nach ihm. Auf wen konnte die Beschreibung passen? Damals gab es in Mekka nur wenige tugendhafte Menschen, aber umso mehr Sünden und Laster. Deshalb dauerte es nicht lange, bis sie fündig wurde. In ganz Mekka lebte nur ein Mann, der sämtliche Erkennungsmerkmale des letzten Propheten aufwies: Muhammed ul-Emīn sallallāhu 'aleyhi we sellem, der aufrichtige, vertrauenswürdige Sohn von Abdullah.

Khadīdsche verfolgte mittlerweile jeden seiner Schritte. Deshalb machte ihr Ebū Tālib mit seinem Angebot ein Geschenk. Diese Handelsunternehmung würde ihr die Gelegenheit bieten, ihn näher kennenzulernen. Sie war sehr glücklich und hätte Ebū Tālib sogar noch viel mehr Lohn zugesichert, als dieser für Muhammed sallallāhu ʿaleyhi we sellem forderte. Und das gestand sie ihm auch ganz offen ein. So kamen Ebū Tālib und Khadīdsche ins Geschäft.

Der Führer von Khadīdsches Karawane nach Damaskus würde also Muhammed ul-Emīn sallallāhu ʿaleyhi we sellem heißen; und zu seiner Unterstützung schickte Khadīdsche ihm ihren besten Mitarbeiter Meysera mit. Er sollte Muhammed sallallāhu ʿaleyhi we sellem auf der Reise zur Hand gehen und Khadīdsche anschließend Bericht erstatten. Eine Aufgabe von großer Wichtigkeit.

AUF DEM WEG NACH DAMASKUS

ENDLICH SETZTE SICH DIE KARAWANE in Bewegung, und eine dreimonatige Reise nahm ihren Anfang. Unterwegs wurden die Reisenden miteinander vertraut und lernten auch den Karawanenführer besser kennen. Nach vielen Strapazen und Mühen trafen sie schließlich in Busrā ein, einer Stadt nahe Damaskus. Dort versuchten sie, ihre mitgeführten Waren zu verkaufen und neue Waren einzukaufen. Als Meysera sah, wie Muhammed ul-Emīn sallallāhu 'aleyhi we sellem gestikulierend und lautstark mit jemandem verhandelte, trat er auf die beiden zu. Denn um Khadīdsche in Mekka Bericht erstatten zu können, musste er wissen, wie sich Muhammed sallallāhu 'aleyhi we sellem in Verhandlungen dieser Art schlug.

Der fremde Mann bestand darauf, dass Muhammed sallallāhu 'aleyhi we sellem einen Eid auf die Götzen Lēt und Uzzē schwor, um die eben mit ihm geschlossene Vereinbarung zu besiegeln. Aber der zukünftige

Prophet erwiderte mit entschlossener Stimme: „Ich werde niemals auf ihre Namen schwören. Es gibt nichts Verabscheuungswürdigeres als diese Götzen!" Als der Mann sah, wie entschieden sein Verhandlungspartner sich weigerte, verzichtete er auf den Eid und akzeptierte ihre Vereinbarung zu Muhammeds Bedingungen. Anschließend fragte er Meysera: „Wer ist dieser Mann, der nicht auf Lēt und Uzzē schwören möchte? Kennst du ihn?" Und ohne Meyseras Antwort abzuwarten, fügte er hinzu: „Bleib an seiner Seite, denn er ist ohne Zweifel ein Gesandter Gottes."

Nachdem sie ihre Geschäfte abgewickelt hatten, machte sich die Karawane auf den Heimweg. Bei einer Rast unterwegs suchten sich die Reisenden Schutz vor der Sonne. Muhammed sallallāhu 'aleyhi we sellem ließ sich im Schatten eines alten Olivenbaums nieder. Kurze Zeit später kam ein Mann auf sie zugelaufen, der sich den Reisenden als Priester mit dem Namen Nestūra vorstellte. Erregt erkundigte er sich bei Meysera: „Wer ist der Mann, der da unter dem Baum im Schatten sitzt?" „Das ist Muhammed ibn Abdullah. Er gehört zu der Familie, die sich um die Kaabe kümmert." Daraufhin eröffnete ihm Nestūra: „Unter diesen Baum hat sich noch nie jemand gesetzt, der kein Gesandter Gottes war." Dann fragte er Meysera nach besonderen Kennzeichen ihres Karawanenführers. Als Meysera ihm einige nannte, stand für Nestūra fest: „Kein Zweifel, er ist der von der Gemeinschaft erwartete Prophet. Und zudem ist er der letzte der Propheten."

Nestūra löcherte Meysera förmlich mit Fragen. Am Ende wollte er wissen, ob sich auf ihrer Reise irgendwelche verwunderlichen Dinge ereignet hatten. Da erzählte Meysera dem Mönch von dem verweigerten Eid. Nestūras Pupillen weiteten sich, und er wurde immer erregter. Mit noch größerer Sicherheit als zuvor sagte er zu Meysera: „Bei Gott, er ist der Prophet, auf den wir gewartet haben. Pass gut auf ihn auf." Dann lief er zu Muhammed *sallallāhu 'aleyhi we sellem* hinüber, küsste ihn auf seine gesegnete Stirn, klammerte sich an seine Beine und sagte: „Ich schwöre bei Gott, dass du der letzte Gesandte Gottes bist."

Bald darauf setzten sie ihre Reise fort. Die Sonne schien, und es war sehr heiß, als plötzlich zwei Wolken am strahlend blauen Himmel auftauchten und Position bezogen. Sie folgten der Karawane und spendeten dem zukünftigen Propheten Schatten. Dabei stoppten sie, wenn er stehenblieb, und setzten sich wieder in Bewegung, wenn er weiter marschierte. Wieder konnte Meysera sein Staunen kaum verbergen. Muhammed *sallallāhu 'aleyhi we sellem* aber ließ sich von alledem nichts anmerken.

Auf der ganzen Reise war es zu keinem Unfall oder dergleichen gekommen. Die Karawane hatte ihre Waren in Busrā verkaufen können und dort auch neue Waren eingekauft, die in Mekka einen guten Preis erzielen würden. Darüber würde sich Khadīdsche zweifellos freuen. Doch ihre Hauptsorge galt nicht dem Gewinn aus Kauf und Verkauf der Waren, sondern Meyseras Bericht über ihren Karawanenführer.

Die Karawane erreichte Mekka zur heißen Mittagszeit, als sich Khadīdsche gerade mit anderen Frauen auf dem Dach ihres Hauses unterhielt. Als eine der Frauen auf die Karawane zeigte, richteten sich schnell alle Blicke auf Muhammed sallallāhu 'aleyhi we sellem. Verblüfft beobachteten nun auch die Frauen, dass ihm auf seinem Kamel zwei Wolken folgten und Schatten spendeten. Später suchte er Khadīdsche auf und berichtete ihr, wie viel Gewinn er mit ihren Waren erwirtschaftet hatte. Dann lud er die Waren, die er in Busrā gekauft hatte, ab und verabschiedete sich von ihr. Sofort rief Khadīdsche Meysera zu sich und fragte ihn nach seinen Eindrücken von der Reise. Meysera erzählte ihr ausführlich von ihren Erlebnissen und konnte gar nicht aufhören, Muhammed sallallāhu 'aleyhi we sellem zu loben.

Nichts anderes hatte Khadīdsche erwartet. Ihre letzten Zweifel waren verflogen. Alle Zeichen sprachen dafür, dass Muhammed ul-Emīn sallallāhu ʿaleyhi we sellem tatsächlich ein Prophet war. Als sie zu Waraqa ging und ihm erzählte, was Meysera ihr berichtet hatte, blickte dieser sie an und sagte: „Wenn das stimmt, Khadīdsche, ist Muhammed sallallāhu ʿaleyhi we sellem der Prophet, auf den wir alle seit langen Jahren warten. Der angekündigte Prophet weilt also bereits unter uns."

Khadīdsche wusste nun, dass sie dem Propheten ganz nahe war. Und ihr sehnlichster Wunsch war, ihn zu heiraten, um ihm noch näher zu kommen.

DIE GLÜCKLICHSTE FRAU DER WELT

NACH IHRER ERSTEN EHE hatte sich Khadīdsche allen neuen Ehegesuchen gegenüber verschlossen gezeigt. Sie hatte viele Heiratsanträge bekommen, doch keinen davon angenommen. Bis zu diesem Zeitpunkt hatte sie nie ernsthaft darüber nachgedacht, noch einmal zu heiraten, doch nun entschied sie sich um. Sie war fest entschlossen, Muhammed ul-Emīn sallallāhu 'aleyhi we sellem zum Mann nehmen, wusste aber nicht, wer ihr dabei helfen konnte, diese Idee in die Tat umzusetzen. Nach einigen Tagen bemerkte Nefīse, ihre beste Freundin, dass Khadīdsche immer tiefer in Gedanken versank: „Was ist los mit dir, Khadīdsche? Ich habe dich noch nie so nachdenklich erlebt." Khadīdsche schwieg einen Moment lang, dann begann sie ihrer Freundin das Problem zu schildern:

„Ach Nefīse, Muhammed ul-Emīn, der Sohn

von Abdullah, ist ein so erhabener Mann. Er ist aufrichtig, treu, vertrauenswürdig, ehrenvoll und tugendhaft. Kaum vorstellbar, dass man einem Besseren begegnen könnte. Außerdem wird nur Gutes über ihn berichtet. Mein Herz sprang mir fast aus der Brust, als Meysera mir die Worte des Priesters überbrachte. Und dann diese Wolke, die ihm Schatten spendete, als er aus Damaskus zurückkehrte. Ich habe sie mit eigenen Augen gesehen. Ich glaube fest daran, dass er der Prophet ist, auf den wir alle sehnlichst gewartet haben." Nefîse verstand nicht recht, was ihre Freundin ihr damit sagen wollte, und fragte sie: „Schön und gut, aber warum bist du so blass?" Nun endlich vertraute sich Khadīdsche ihr ganz an: „Ich möchte mein Schicksal mit dem seinigen verbinden. Ich möchte ihn heiraten. Nur weiß ich nicht, wie ich die Sache angehen soll." Nefîse begriff augenblicklich und bot ihr an: „Wenn du gestattest, werde ich mit ihm reden." „Das wäre wunderbar, aber verlier bitte keine Zeit."

Also verabschiedete sich Nefîse von Khadīdsche und ging direkt zu ihm. Sie grüßte ihn und fragte ihn unvermittelt: „Muhammed, was hält dich eigentlich davon ab zu heiraten? Warum bist du noch immer ledig?" Auf diese Frage war der Prophet nicht vorbereitet, und so sagte er: „Ich habe nicht die Mittel, um zu heiraten"

Nefīse fragte: „Wenn die finanziellen Mittel kein Problem wären und es eine Kandidatin gäbe, die sich durch Schönheit, Vermögen und Ehre auszeichnet und zu dir passen würde, würdest du dann trotzdem nicht heiraten wollen?“

„Wer könnte das sein?“, fragte er. „Khadīdsche“, antwortete Nefīse. „Aber wie ließe sich das arrangieren?“, fragte der Prophet. „Überlass das nur mir. Ich werde alles regeln“, antwortete Nefīse. Als der Prophet daraufhin schwieg, interpretierte Nefise sein Schweigen als Zustimmung und eilte schnell zurück zu ihrer Freundin Khadīdsche. Sie erzählte ihr von dem Gespräch mit dem Propheten. Khadīdsche konnte ihr Glück kaum fassen. Kurze Zeit später ließ sie Muhammed sallallāhu 'aleyhi we sellem eine Nachricht zukommen, in der sie ihm darlegte, warum sie ihn heiraten wollte. Ihre Zeilen begannen mit den folgenden Worten: „Lieber Sohn meines Onkels! Zu den Gründen für mein Ansinnen, dich zu heiraten, gehören unsere familiäre Nähe, deine unvergleichbar hohe Stellung in deiner Familie, deine Tugendhaftigkeit und Aufrichtigkeit. Sag deinen Onkeln, dass sie Vorbereitungen für die Hochzeit treffen sollen.“

Der Prophet wollte in dieser wichtigen Angelegenheit nicht allein entscheiden und suchte umgehend Ebū Tālib auf, um ihm von seinem

Gespräch mit Nefīse zu erzählen. Sein Onkel wusste, dass Khadīdsche eine der vornehmsten und tugendhaftesten Frauen in Mekka war, und war der Ansicht, dass sie gut zu Muhammed sallallāhu 'aleyhi we sellem passte. Deshalb gab er schnell sein Einverständnis. Anschließend ging er mit Abbēs und Hamza, zwei weiteren Söhnen von Abdulmuttalib, zu den Cousins von Khadīdsche, um bei ihnen um ihre Hand anzuhalten. Ebū Tālib ergriff das Wort:

„Wir danken Gott dafür, dass er uns zu den Nachfahren von Abraham und Ismā'īl gemacht hat. Wir danken Ihm dafür, dass wir den Menschen hier dienen dürfen." Dann fuhr er fort: „Muhammed ist der Sohn unseres verstorbenen Bruders Abdullah. Er besitzt keine großen Reichtümer, dafür aber Ehre, Erhabenheit, Mut, Verstand und Tugendhaftigkeit. Er hält um die Hand eurer Cousine Khadīdsche an."

Daraufhin erhob sich Khadīdsches Onkel Āmir ul-Esed und sagte ähnlich lobende Worte über Khadīdsche. Dann schloss er mit den Worten: „Wir danken Gott für Seinen Segen, dafür, dass Er uns in den Tugenden, die du aufgezählt hast, bevorzugt hat (dass wir Nachfahren von Abraham und Ismā'īl sind). Hiermit schließe ich die Ehe zwischen Khadīdsche, der Tochter von Khuweylid, und Muhammed, dem Sohn von Abdullah." Die maßgeblichen Männer der Familie der Quraysch waren Zeuge dieser Eheschließung. Nach dieser Trauungszeremonie begann das Hochzeitsfest. Schafe und Kamele wurden geschlachtet, und es wurde Essen aufgetragen. Khadīdsche war die glücklichste Frau auf Erden. In ihrem Haus feierten die Frauen unter sich. An jenem Tag waren der Prophet 25 und Khadīdsche 40 Jahre alt. Die ersten Tage ihrer Ehe verbrachten die frisch Vermählten im Haus von Ebū Tālib, dann kauften sie von Hakīm ibn Hizām ein Haus und zogen dort ein.

DIE NEUE FAMILIE

MUHAMMED *sallallāhu ʿaleyhi we sellem* UND KHADĪDsche bewohnten ihr neues Zuhause nicht allein. Mit ihnen zusammen lebten dort Ummu Eymen, Khadīdsches Sohn Hind (aus ihrer ersten Ehe mit Ebū Hēle) und Zeyd ibn Hārithe. Zeyd war mit acht Jahren von Schergen des Stammes der Qayn gefangengenommen und in die Sklaverei verkauft worden. Hakim ibn Hizam hatte ihn auf dem großen Markt in Ukāz für seine Tante Khadīdsche erstanden und ihr zum Geschenk gemacht. Als der Prophet Zeyd zum ersten Mal sah, fragte er Khadīdsche: „Wem gehört dieses Kind?" „Zeyd ist mein Sklave. Mein Cousin hat ihn mir vom Stamm der Kelb mitgebracht." Daraufhin sagte der zukünftige Prophet zu ihr: „Wäre er mein Sklave, würde ich ihn sofort freilassen." „Dann soll er von nun an dir gehören", erwiderte Khadīdsche, woraufhin der Prophet ihm unverzüglich die Freiheit schenkte.

Eines Tages kamen Zeyds Verwandten zur

Pilgerfahrt nach Mekka und erkannten Zeyd wieder. Nach ihrer Rückkehr in die Heimat benachrichtigten sie seinen Vater, und dieser machte sich sofort auf den Weg nach Mekka. Endlich gab es ein Lebenszeichen von seinem vor Jahren entführten Sohn! Er machte ihn ausfindig und hätte ihn am liebsten mit nach Hause genommen. Doch Zeyd entschied sich, bei Muhammed sallallāhu 'aleyhi we sellem zu bleiben. Dieser adoptierte ihn und sorgte dafür, dass ganz Mekka davon erfuhr. Nach der Eheschließung mit Khadīdsche hatte Muhammed sallallāhu 'aleyhi we sellem zunächst erst einmal keine finanziellen Sorgen mehr. Der Familie seines Onkels hingegen ging es schlecht. Bedingt durch die Dürre und die damit einhergehende Hungersnot in Mekka hatte Ebū Tālib Schwierigkeiten, seine Familie zu ernähren. Um ihn zu unterstützen, suchte Muhammed sallallāhu 'aleyhi we sellem seinen Onkel Abbēs auf, das reiche Oberhaupt der Familie Hēschim, und sagte zu ihm:

„Lieber Onkel. Du weißt, wie groß die Familie deines Bruders Ebū Tālib ist. Lass uns ihn zusammen besuchen und mit ihm reden! Abbēs willigte ein, und so gingen sie zu Ebū Tālib. Muhammed sallallāhu 'aleyhi we sellem schlug ihm vor: „Wir möchten zwei deiner Söhne bei uns aufnehmen, bis die Hungersnot und die Dürre vorüber sind. Ebū Tālib lächelte und sagte: „Gut. Aqīl und Tālib sollen bei mir bleiben. Sucht euch unter den übrigen zwei aus." Daraufhin nahm der Prophet Alī zu sich und Abbēs Dj'afar. Von da an lebte Alī im Haus von Muhammed sallallāhu 'aleyhi we sellem und seiner Frau Khadīdsche, und sie waren ihm wie ein Vater und eine Mutter.

Im Unterschied zu anderen reichen Bewohnern der Stadt Mekka überließ Khadīdsche die im Haushalt anfallende Arbeit nicht Sklaven oder Dienern, sondern erledigte sie selbst. Nebenbei umsorgte sie ihren Ehemann mit großer Fürsorglichkeit. Wann immer ihm etwas Unangenehmes widerfuhr, fand er Trost bei seiner Frau. Die beiden waren sich innig verbunden und respektierten einander sehr. Außenstehenden fiel diese ungewöhnliche Nähe auf, was sie manchmal mit Neid, meistens aber mit Bewunderung zur Kenntnis nahmen. Das Paar lebte in einer unheilvollen Zeit ein aufrichtiges Leben, und ihre Freunde und Bekannten waren wie sie: aufrichtige und ehrbare Menschen.

Das erste Kind dieser glücklichen und harmonischen Ehe war ein Sohn. Der Prophet nannte ihn Qāsim und wurde fortan Ebū'l-Qasim, Vater von Qāsim, gerufen. Doch als er gerade seine ersten Schritte zu machen begann, starb Qāsim. Anschließend verstrichen drei weitere Jahre, bis sie Zeyneb bekamen, ihre erste Tochter. Muhammed sallallāhu 'aleyhi we sellem war bei ihrer Geburt 30 Jahre alt. Qāsims Tod hatte ihn ebenso wie Khadīdsche zutiefst betrübt. Aber die Geburt von Zeyneb half ihnen über ihren Schmerz hinweg. Ein Jahr später wurde ihnen Ruqayye geboren, drei weitere Jahre später Ummu Kulthūm.

DER VERTRAUENSWÜRDIGE

ALS MUHAMMED *sallallâhu 'aleyhi we sellem* 35 JAHre alt war, war das alles beherrschende Thema in Mekka die dringend erforderliche Restaurierung der Kaabe. Regen und Überschwemmungen hatten ihr im Laufe der Jahre arg zugesetzt. Als dann noch bei einem Brand ihr Tuch Schaden nahm, beschlossen die Mekkaner, ihr Heiligtum bis auf das vom Propheten Abraham errichtete Fundament abzureißen und von Grund auf neu aufzubauen. Dabei wurde jedem Stamm die Verantwortung für die Arbeiten an einer Wand übertragen. Anschließend sollte der Schwarze Stein aus dem Paradies, der *Hadscher ul-eswed,* zurück an seinen angestammten Ort gelegt werden. Doch über die Frage, welchem Stamm diese Ehre zuteilwerden sollte, herrschte Uneinigkeit. Der Streit zog sich über mehrere Tage hin, und am Ende war man so weit, dass die Schwerter gezückt wurden und ein Blutvergießen unvermeidlich erschien.

Da ergriff Hudheyfe, der Älteste unter ihnen, das Wort und schlug den Streitenden vor: „Warum ernennt ihr nicht einfach den Ersten, der die Kaabe gleich betreten wird, zum Schiedsrichter und lasst ihn entscheiden?“ Die Versammelten stimmten seinem Vorschlag zu und warteten ab, wer als Erster durch die Tür treten würde. Als sie sahen, dass es Muhammed ul-Emīn sallallāhu ʿaleyhi we sellem war, dessen Aufrichtigkeit und Tugendhaftigkeit sie alle schätzten, riefen sie: „Es ist El-Emīn, der Vertrauensvolle. Er wird entscheiden, und wir werden seine Entscheidung akzeptieren.“ Sie schilderten dem Propheten ihr Problem, und dieser forderte sie auf: „Bringt mir ein Tuch!“ Daraufhin legte er den Schwarzen Stein in die Mitte des Tuchs und rief je einen Vertreter jedes Stammes zu sich. Er sagte zu ihnen: „Nehmt nun jeder von euch im Namen eures Stammes einen Zipfel des Tuchs in die Hand, und hebt es dann an.“ So trugen sie den Stein zusammen zu dem Ort, an dem er eingesetzt werden sollte. Dann nahm Muhammed sallallāhu ʿaleyhi we sellem ihn aus dem Tuch und setzte ihn in die Wand der Kaabe ein. In seiner Rolle als Schiedsrichter hatte er damit die Hoffnungen aller Beteiligten erfüllt und eine größere Fehde verhindert. Gleichzeitig war der

Schwarze Stein, der einst mit dem ersten Propheten Adam in die Welt gekommen war, nun vom letzten der Propheten an seinen endgültigen Bestimmungsort gesetzt worden.

HIMMLISCHE ZEICHEN

EINIGE JAHRE NACH DIESER EPISODE empfing Muhammed sallallāhu 'aleyhi we sellem erste Zeichen von Gott - eine Phase, die sich wiederum über mehrere Jahre erstreckte. Gottes Licht begann über der Arabischen Halbinsel zu erstrahlen. Manchmal hörte der zukünftige Prophet, wie jemand ihn beim Namen rief, dann wieder sah er seltsame Lichterscheinungen. Diese Erlebnisse teilte er ausschließlich mit seiner Frau Khadīdsche, die jedes Mal versuchte, seine Sorgen zu lindern und ihn zu beruhigen. Sie versicherte ihm, dass Gott ihn niemals im Stich lassen werde. Schließlich wusste sie genau, dass er der erwartete letzte Prophet war.

Inzwischen spürten auch die Gelehrten, die dem Kommen des letzten Gesandten Gottes entgegenfieberten und die Zeichen deuteten, dass es bald so weit sein musste. Als der Prophet 38 Jahre alt war, zog der jüdische Gelehrte Ibn ul-Heyyibēn von Damaskus nach Medina, wo er schwer erkrankte. Als er begriff, dass er sterben würde, rief er alle Juden der Stadt zusammen und sagte zu ihnen: „Meine lieben Brüder und Schwestern. Soll ich euch den wahren Grund für meinen Umzug aus der reichen Stadt Damaskus in die arme Stadt Medina verraten?“ Die versammelten Juden antworteten: „Du wirst wohl wissen, was du tust. Aber klär uns trotzdem auf.“ „Ich kam hierher, um einen Blick auf den Propheten zu werfen, der sich eines Tages hier in dieser Stadt niederlassen wird. Er wird in Kürze in Erscheinung treten. Und wenn ihr diesen Tag noch erlebt, versäumt es nicht, euch ihm anzuschließen.“ Mit diesen Worten auf den Lippen starb Ibn ul-Heyyibēn.

Im selben Jahr hielt Quss ibn Sēide, ein berühmter Dichter aus dem Ukāz-Tal, eine bemerkenswerte Rede, in der er vom Kommen des letzten Propheten sprach. Alle diese Gelehrten waren von der nahe bevorstehenden Ankunft des letzten Gesandten Gottes überzeugt.

Im Alter von 39 Jahren begann Muhammed sallallāhu 'aleyhi we sellem Dinge zu träumen, die sich bewahrheiteten. Was er nachts sah, wurde am nächsten Tag Realität. Dieser Zustand hielt ungefähr sechs Monate an. Wieder hörte er oft Stimmen, die ihn beim Namen riefen, konnte ihre Urheber aber nicht entdecken. In dieser Phase suchte er häufiger die Einsamkeit und zog sich langsam von den Menschen zurück. Dass die Gesellschaft, in der er lebte, zügellos und lasterhaft war, störte ihn sehr. Die Menschen auf der Arabischen Halbinsel hatten ihren wahren Schöpfer vergessen und beteten selbstfabrizierte Götzen an oder glaubten an gar nichts. Sie schauten nur auf das Leben in dieser Welt und verschwendeten keinen Gedanken an ein Jenseits. Alkohol, Glücksspiel, Ehebruch, Diebstahl, Verbrechen, Unterdrückung gehörten zu ihrem Alltag. Ein Menschenleben hatte keinerlei Wert. Es galt das Recht des Stärkeren, und es kam vor, dass unbescholtene Bürger entführt, versklavt und auf dem Markt verkauft wurden.

Diejenigen, die an gar keinen Gott glaubten, schenkten den Botschaften, die den letzten Propheten ankündigten, keine Beachtung. Andere glaubten zwar an einen Gott, aber nicht an das Jenseits. Nur einige wenige lebten in der Tradition der Religion des Propheten Abraham. Und die Kaabe, die doch als erstes Haus Gottes auf Erden errichtet worden war, um den Menschen Glück und Frieden zu bringen, quoll schier über vor Götzenbildern und -statuen. Der Prophet hing sehr an diesem Heiligtum, und die Verehrung der Götzen verletzte ihn zutiefst. Deshalb verspürte er oft das Bedürfnis, allein zu sein und nachzudenken. Dann machte er sich auf den Weg zu dem nahegelegenen Berg Hirā und setzte sich nach mehrstündigem Marsch in eine Höhle, deren Eingang ihm den Blick nach draußen auf die Kaabe freigab. Anschließend ließ er seinen Blick stundenlang auf der Kaabe ruhen. In der Höhle fühlte er sich Gott nahe, und so suchte er sie häufig auf.

Zwar verlebte der Prophet glückliche Stunden am Berg Hirā, doch seine Frau war bei jedem seiner Ausflüge dorthin in großer Sorge, weil sie fürchtete, dass ihm etwas zustoßen könnte. Aus diesem Grunde schickte sie manchmal einen Diener hinter ihm her, der sich gegebenenfalls um ihren Mann kümmern und ihn beschützen sollte. Auch sie selbst stattete ihm gelegentlich einen Besuch auf dem Berg ab. Um ihm Proviant zu bringen, nahm sie den beschwerlichen Aufstieg auf den 866 Meter hohen Berg in Kauf.

Immer öfter vernahm Muhammed sallallāhu 'aleyhi we sellem nun Stimmen, die er niemandem zuordnen konnte. Besonders auf dem Weg von Mekka zum Berg Hirā hörte er immer wieder die Worte: „Sei mir gegrüßt, Gesandter Gottes!“ Und wenn er sich dann schnell umschaute, entdeckte er nichts außer ein paar Bäumen und Felsen. Diese Erlebnisse machten ihn beklommen. Zurück zuhause, erzählte er Khadīdsche davon; und auch jetzt wurde sie nicht müde, ihm Mut zuzusprechen.

Einmal berichtete er ihr: „Diesmal sagte eine Stimme zu mir: ‚Muhammed, ich bin Gabriel.‘ Ich habe Angst, dass mir etwas Schlimmes zustoßen könnte.'" Aber erneut besänftigte ihn Khadīdsche und sagte: „Nein, ganz sicher nicht. Ein Mensch wie du steht unter dem Schutz Gottes. Du bist vertrauenswürdig, sorgst für deine Verwandten und sagst immer die Wahrheit."

Als sich eines Abends Dunkelheit über die Stadt gelegt hatte, entbot Gabriel ihm erneut seinen Gruß: „Selām." Und Khadīdsche sagte zu ihm: „Schätze dich glücklich, denn Selām [Frieden] kann nur Gutes bedeuten." Am Ende bewegten seine Träume, die Hinweise in den Heiligen Schriften und Erlebnisse wie diese Khadīdsche und Muhammed sallallāhu 'aleyhi we sellem dazu, Rat bei Waraqa ibn Newfel einzuholen.

Waraqa war von dem, was sie ihm berichteten, nicht weiter überrascht. Alle Propheten, die in den Heiligen Schriften beschrieben wurden, hatten Ähnliches erlebt. Er schaute den Propheten an und versicherte ihm: „Du hast keinen Grund, dich zu fürchten." „Aber mir war so unwohl dabei, dass ich jedes Mal, wenn ich die Stimme gehört habe, schnell das Weite gesucht habe", entgegnete der Prophet. Da empfahl ihm Waraqa: „Beim nächsten Mal warte ab, was die Stimme dir sagen möchte. Danach komm wieder her, und berichte mir."

Wieder vernahm Muhammed sallallāhu 'aleyhi we sellem die inzwischen vertraute Stimme. „Muhammed", sagte sie zu ihm. Also befolgte er Waraqas Rat und stellte sich der Situation. Da sagte die Stimme: „Muhammed, sprich: *Lē ilēhe illa-llāh!*“

Währenddessen träumte er auch weiter; einmal zum Beispiel davon, wie sich eine riesige Holzplatte über sein Haus legte, in die zwei große Löcher gemeißelt wurden. Durch diese Löcher ließen zwei Männer silberne Leitern herab und kletterten zu ihm herunter. Als er versuchte, sie davon abzubringen und um Hilfe zu rufen, versagte ihm die Stimme. Dann setzten sich die beiden Männer zu ihm. Der eine steckte ihm seine Hand in die Brust und entnahm ihr zwei Rippen, um an sein Herz zu kommen. Er holte er es heraus und hielt es in der Hand. Dann sagte er zu dem anderen: „Sieh dir das schöne Herz dieses guten Mannes an.“ Anschließend wusch er das Herz und setzte es wieder ein, ebenso wie die Rippen. Dann verließen die beiden Männer Muhammed sallallāhu ʿaleyhi we sellem wieder über die Leiter und zogen sie hoch. Auch die Holzplatte nahmen sie mit sich fort. Als der Prophet erwachte, war weder von den Männern noch von der Treppe irgendeine Spur geblieben. Alles war wie gewohnt. Als er Khadīdsche von dem Traum erzählte, sagte sie: „Welch ein Glück für dich. Gott will nur dein Bestes, davon bin ich überzeugt. Und dieser Traum ist definitiv eine gute Nachricht.“

DIE ERSTE BOTSCHAFT

MUHAMMED sallallâhu 'aleyhi we sellem WAR 40 Jahre alt, als er sich im Monat Ramadan des Jahres 610 wieder einmal in die Höhle auf dem Berg Hirā zurückzog, um zu meditieren. Dort hörte er (in der 27. Nacht des Monats) kurz nach Mitternacht erneut, wie ihn jemand beim Namen rief. Als er die Augen aufschlug und um sich blickte, sah er, dass die ganze Höhle in helles Licht getaucht war. Plötzlich trat der der Erzengel Gabriel vor ihn hin und verlangte von ihm: „Lies!" Der Prophet entgegnete: „Ich kann nicht lesen." Da umarmte der Engel ihn, drückte ihn fest und ließ ihn wieder los. Dann verlangte er noch einmal: „Lies!" Und der Prophet antwortete erneut: „Ich kann nicht lesen." Wieder umarmte ihn der Engel und drückte ihn fest. Nun fragte der Prophet Gabriel: „Aber was soll ich lesen?" Da rezitierte ihm der Engel die ersten fünf Verse der Sure *El-Alaq*:

Lies, im Namen deines Herrn, der erschaffen hat. Erschaffen hat Er den Menschen aus einem (an der Gebärmutterwand anhaftenden) Blutgebilde. Lies, und dein Herr ist der Gütige, der (den Menschen) gelehrt hat durch die Schreibfeder - den Menschen gelehrt hat, was er nicht wusste.

Dann entschwand er.

Die Verse, die der Engel ihm von Gott überbracht hatte, prägten sich dem Propheten ins Gedächtnis ein. Nach diesem beklemmenden Ereignis packte er sofort seine Sachen zusammen und rannte den Berg hinunter. Doch auf halbem Wege sprach die Stimme noch einmal zu ihm und sagte: „Muhammed. Du bist der Gesandte Gottes, und ich bin der Erzengel Gabriel." Der Prophet wandte sich ab, um den Engel nicht direkt ansehen zu müssen, aber vergeblich. Denn er war nun überall, und seine Stimme ertönte von überall her. Als Gabriel ihn wieder verließ, rannte der Prophet den Rest des Weges nach Hause zurück. Dort angekommen sagte er, noch immer erschöpft und von Furcht überwältigt, zu Khadīdsche: „Deck mich zu! Deck mich zu!" Khadīdsche brachte ihn zu Bett, deckte ihn zu, und der Prophet schlief ein. Als er wieder erwachte, erzählte er ihr, was geschehen war, und gestand ihr, große Angst zu haben. Khadīdsche legte ihre Hände auf seine und sagte in sanftem, fürsorglichem Ton: „Welch frohe Botschaft du da verkündest. Verlier nicht den Mut. Ich bin fest davon überzeugt, dass du der Prophet dieser Gemeinschaft bist. Hab keine Angst, Gott wird dich beschützen. Denn du sorgst für deine Verwandten, sagst immer die Wahrheit, hilfst den Bedürftigen und kümmerst dich um die Armen. Du hast oft Gäste und bist stets auf der Suche nach der Wahrheit."

Als die beiden anschließend wieder Waraqa ibn Newfel aufsuchten, um ihm von dem Vorfall zu erzählen, war dieser sehr erregt und sagte mit zitternder Stimme: „Muhammed. Ich schwöre bei Gott, dass du der Prophet dieser Gemeinschaft bist. Und heute ist dir Gabriel, Gottes bedeutendster Engel, erschienen; so wie er einst auch dem Propheten Moses erschienen ist. Wie gern würde ich lange genug leben, um dir an dem Tag, an dem dich deine Gemeinschaft zum Verlassen dieser Stadt zwingen wird, beistehen zu können." Diese Worte schockierten den Propheten: „Meine Gemeinschaft wird mich aus meiner Heimat vertreiben?" „Ja, sie werden dich vertreiben. Denn mit der Wahrheit, die du ihnen überbringen wirst, konnte bisher niemand (kein Prophet) in seiner Heimat und in seinem Land verweilen." Dann erhob sich Waraqa und küsste den Propheten auf die Stirn.

DIE ERSTEN GLÄUBIGEN

AUF DIESE ERSTEN VERSE folgten 40 Tage lang keine weiteren Offenbarungen mehr. Doch auch in dieser Zeit erschien der Erzengel Gabriel dem Propheten und sprach ihn an. Jedes Mal, wenn der Prophet ihn sah, bekam er es mit der Angst zu tun, und seine Kräfte verließen ihn. Eines Tages, er hatte sich erneut in die Höhle zurückgezogen und stieg gerade den Berg herab, vernahm er wieder die Stimme und erblickte Gabriel. Von Angst erfüllt lief er nach Hause und legte sich sofort aufs Bett. Er trug Khadīdsche auf, ihn zuzudecken, als Gabriel ihm die ersten Verse der Sure *El-Muddeththir* zuflüsterte:

> *O du Bedeckter (der du dich für die Einsamkeit entschieden hast)! Erhebe dich, und warne und verkünde die (unbeschreibliche und unvergleichliche) Größe deines Herrn! Und halte dein Gewand rein! Halte dich von jeglicher Verunreinigung fern!*

Von da an wurden die Offenbarungen nicht mehr unterbrochen, und immer neue Verse kamen auf ihn herab. Muhammed *sallallâhu 'aleyhi we sellem* war zum Propheten und letzten Gesandten Gottes berufen worden.

Kurz darauf vertraute er seiner Frau an: „Khadīdsche, die Zeit des Schlafens und Ausruhens ist nun vorbei. Gabriel hat mir aufgetragen, die Menschen zu warnen und zum Glauben an Gott einzuladen. Aber wen soll ich einladen? Wer würde meinen Ruf denn erwidern?" Khadīdsche entgegnete: „Was für ein Glück dir widerfahren ist! Gott wünscht dir nur Gutes. Seine Botschaft ist zutreffend und wahrhaftig. Ich werde die Erste sein, die du einlädst und die dir folgt." Und tatsächlich wurde Khadīdsche zur ersten Gläubigen, die dem Propheten glaubte und folgte.

Nach einer Weile erschien der Engel Gabriel dem Propheten auf einem Hügel in der Nähe von Mekka, diesmal aber in Gestalt eines Menschen. Er näherte sich ihm und schlug vor ihm mit den Fersen auf den Boden. Daraufhin quoll Wasser aus der Stelle. Dann nahm er vor den Augen des Propheten die Gebetswaschung vor. Der Prophet eiferte ihm nach. Im Anschluss zeigte Gabriel ihm, wie er das Gebet vollziehen sollte. Und erneut wiederholte der Prophet, was Gabriel ihm vorexerzierte. Als Gabriel ihn verließ, kehrte der Prophet nach Hause zurück und brachte das Gebet auch Khadīdsche bei. Sie verrichteten beide die Gebetswaschung, den *Wudu'*, und beteten gemeinsam. Damit war Khadīdsche der erste Mensch nach dem Propheten, der die Gebetswaschung vornahm und auf die besagte Art und Weise betete.

Der gerade 10 Jahre alt gewordene Alī beobachtete die beiden neugierig und fragte den Propheten, was sie da taten. Da setzte ihn der Prophet auf seinen Schoß und erzählte ihm, was ihm in der Höhle Hirā widerfahren war. Dann sagte er mit sanfter Stimme: „Allāh ist der einzige Gott. Es gibt keinen anderen Gott außer Ihm. Er hat das Universum erschaffen, und Er ist es, der Seine Geschöpfe ernährt. Er schenkt Leben und nimmt es wieder fort. Er ist allmächtig." Alī liebte den Propheten sehr und vertraute ihm in jeder Hinsicht. Doch was seinen Glauben betraf, hatte er das Gefühl, zuerst seinen Vater fragen zu müssen. Aber der Prophet sagte zu ihm: „Nein, Alī, entweder du schließt dich uns an, oder du schweigst darüber." In dieser Nacht konnte Alī nicht einschlafen und dachte lange nach. Dann beschloss er, seinen Vater nicht erst um Erlaubnis zu fragen. Am nächsten Morgen bat er den Propheten: „Kannst du mir das, was du mir gestern erzählt hast, noch einmal wiederholen?"

Der Prophet lächelte. Alī setzte sich neben ihn, und der Prophet lud ihn zum Glauben ein. Mit seinen 10 Jahren war Alī nach Khadīdsche der zweite Mensch, der sich zum Islam bekannte.

Anfangs beteten sie morgens und abends jeweils zwei Rekāt an ruhigen, uneinsichtigen Orten; meistens außerhalb der Stadt, zum Beispiel zwischen Dattelpalmen. Einmal wurden sie dabei von Ebū Tālib beobachtet. Am Abend stellte er sie zur Rede und fragte den Propheten: „Mein lieber Neffe. Sag mir, was ist es, das deine Religion ausmacht?"

„Mein lieber Onkel", sagte der Prophet, „meine Religion ist die Religion Gottes. Es ist die Religion der Engel und der Propheten Gottes. Es ist die Religion unseres Vorfahren Abraham. Gott hat mich auserwählt und als Prophet zu allen Menschen gesandt. Es liegt an dir, Onkel, meine Einladung zu dieser Religion anzunehmen und mich auf meinem Weg zu unterstützen." Ebū Tālib schaute ihn einige Augenblicke lang an, bevor er ihm versicherte: „Mein lieber Neffe. Ich kann der Religion meiner Vorfahren unmöglich den Rücken kehren. Doch ich schwöre bei Gott: Solange ich lebe, werde ich dir nicht von der Seite weichen. Ich werde immer für dich da sein." Danach wandte sich Ebū Tālib an Alī und fragte ihn: „Was ist denn los mit dir, mein Sohn? Du bist so anders als sonst.“ Da gestand Alī seinem Vater: „Ich glaube bereits an Allāh und Seinen Gesandten. Und ich tue von Herzen gern, was der Prophet mir gebietet. Ich bete mit ihm und werde ihn nie im Stich lassen.“ Ebū Tālib tadelte ihn nicht dafür, sondern bestärkte ihn mit den Worten: „Sicherlich wird er dich nur zum Guten einladen. Begleite ihn treu auf seinem Weg!“ Dann wandte er sich um und ging.

Ebū Tālibs aufmunternde Worte stimmten sowohl den Propheten als auch Alī froh. Kurz darauf wurde auch Zeyd Muslim und reihte sich unter die ersten Gläubigen ein. Als wenig später Ebū Bekr, der beste Freund des Propheten, aus dem Jemen nach Mekka zurückkehrte, wurde er schon vor der Stadt von einigen Männern vom Stamm der Quraysch in Empfang genommen. „Was ist passiert, während ich fort war? Gibt es etwas Neues?“, fragte er sie erstaunt. Da berichteten sie ihm feindselig und gehässig: „Du wirst es nicht glauben, Ebū Bekr! Der Ziehsohn von Ebū Tālib meint, er sei ein Gesandter Gottes. Einzig und allein dir zuliebe haben wir ihn bisher gewähren lassen. Aber da du nun zurück bist, wirst du das Problem sicher lösen.“

Sie sparten nicht mit weiteren Details, aber Ebū Bekr hörte ihnen längst nicht mehr zu. Seine Gedanken schweiften ab in die Vergangenheit. Ein alter Traum und seine Deutung fielen ihm wieder ein. Als 18-Jähriger war Ebū Bekr mit einer Handelskarawane nach Damaskus gezogen und hatte dort etwas sehr Seltsames geträumt: Ein großer Mond war über Mekka aufgegangen und ein Teil dieses Mondes hatte sich auf die Häuser von Mekka verteilt. Dann hatten die einzelnen Teile bei ihm zuhause wieder zusammengefunden. Dieser Traum hatte Ebū Bekr so sehr beschäftigt, dass er ihn sich auf dem Rückweg in der Stadt Busrā von einem Mönch namens Bahīra hatte deuten lassen. Bahīra hatte ihm vom Kommen des letzten Gesandten Gottes erzählt. Seine Ankunft sei nah und er, Ebū Bekr, sei der Glückliche, der ihm ein Leben lang zur Seite stehen werde.

All die Jahre war Ebū Bekr diese Prophezeiung nicht mehr aus dem Kopf gegangen. Außerdem erinnerte er sich daran, was Zeyd ibn ʿAmr im Schatten der Kaabe sitzend über den letzten Propheten gesagt hatte, und auch an die Rede des alten Quss ibn Sēide. Offenbar war die Zeit nun gekommen. Muhammed ul-Emīn sallallāhu ʿaleyhi we sellem war zum Propheten berufen worden, und Ebū Bekrs Traum hatte sich bewahrheitet.

Ohne Zeit zu verlieren eilte Ebū Bekr zum Haus von Khadīdsche. Aber auf dem Weg dorthin sah er seinen Freund Muhammed sallallāhu ʿaleyhi we sellem plötzlich auf sich zukommen. Schnell stellte sich heraus, dass er Ebū Bekr ebenfalls gerade aufsuchen wollte. Dann fragte Ebū Bekr ihn: „Muhammed, stimmt es, dass du die Religion unserer Vorfahren leugnest?“ Ohne zu zögern antwortete ihm der Prophet: „Ja, denn ich bin ein Diener und der Gesandte Gottes. Vernimm meine Worte, Ebū Bekr! Ich lade dich ein, an den einen Gott zu glauben.“ Daraufhin fragte ihn Ebū Bekr: „Gibt es einen Beweis für deine Behauptungen?“ Der Prophet entgegnete: „Ja, den Traum, den du in Damaskus hattest und den du von dem Mönch hast deuten lassen.“ Da sagte Ebū Bekr: „Ich schwöre, dass ich dir glaube. Gib mir deine Hand!“ Der Prophet streckte ihm seine Hand entgegen und Ebū Bekr legte die eigene Hand darauf. Dann sagte er: „Hiermit bezeuge ich, dass es keinen Gott außer Allāh gibt und dass du Sein Gesandter bist.“ Mit diesen Worten wurde auch Ebū Bekr Muslim.

Die Nachricht von Ebū Bekrs Bekenntnis verbreitete sich in Mekka wie ein Lauffeuer und löste regelrechte Schockwellen aus. Die Götzendiener waren enttäuscht und extrem verärgert, als Ebū Bekr seinen neuen Glauben öffentlich machte und die Menschen nun ebenfalls auf den Weg Gottes und Seines Propheten einlud. Er wollte, dass so viele Menschen wie möglich seinem Beispiel folgten und sich vom Glauben beschenken ließen. Und dafür tat er sein Bestes.

DIE GEHEIME BOTSCHAFT

NACH KHADĪDSCHE, ZEYD, Alī und Ebū Bekr bekannten sich auch Osman, Abdurrahman, S'ad und Zubeyr zum Islam und reihten sich unter die ersten Muslime ein. Es folgte eine drei Jahre währende Phase der vorerst nur auf privater Ebene ausgesprochenen Einladung zum Islam. Die Zahl der Gläubigen stieg langsam, aber sicher an. In dichter Folge wurden neue Koranverse - *Āyets* - offenbart, die der Prophet mit den Muslimen teilte, wenn sie sich an ruhigen Orten oder im Haus des Propheten versammelten. Dabei achteten sie sorgfältig darauf, nicht den Unmut der Quraysch auf sich zu ziehen. Die Götzendiener waren von der Entwicklung alles andere als erbaut, und es hatte nicht den Anschein, dass sie die Botschaft von der Einheit Gottes und der Prophetenschaft Seines Gesandten jemals würden annehmen können. Eine Zeitlang hatten sie das Auftreten der neuen Religion nur aus der Ferne beobachtet. Sie waren davon ausgegangen, dass es sich um eine vorübergehende Erscheinung handelte, die sich bald von selbst erledigen würde. Oft spotteten sie über die Worte des Propheten, und sie nahmen sie nicht ernst. Doch die Dinge entwickelten sich anders, als sie sich vorgestellt hatten.

Tag für Tag kamen nun neue Gläubige hinzu, unter ihnen auch einige nähere Verwandte des Propheten. Doch keiner seiner vier Onkel hatte sich ihnen bisher angeschlossen. Ebū Tālib hatte nichts dagegen einzuwenden, dass sich seine Söhne Dj'afar und Alī zum Islam bekannten, doch er selbst wollte nicht von der Religion seiner Ahnen abrücken. Abbēs und Hamza waren dem Propheten zwar wohlgesonnen, aber noch unentschlossen. Ebū Leheb hingegen griff seinen Neffen dafür an, dass er sich von der Religion seiner Vorfahren losgesagt hatte.

Die Zahl der Gläubigen wuchs auf 30 an. In der Regel beteten sie in ihren Häusern oder an abgeschiedenen Orten und rezitierten die neuen Verse heimlich. Einmal jedoch spürten die Quraysch sie beim gemeinschaftlichen Gebet auf und machten sich über sie lustig. Als S'ad daraufhin mit einem Kamelknochen auf einen der Götzendiener einschlug und ihn verletzte, kam es zum Handgemenge. Es war das erste Mal, das Blut vergossen wurde. Doch an jenem Tag beschloss man, es nie wieder so weit kommen zu lassen; denn die offenbarten Verse empfahlen den Muslimen, geduldig zu sein und Frieden zu wahren.

Das traurige Herz des Propheten fand zu Hause Trost. Die aufmunternden Worte seiner Frau Khadīdsche halfen ihm, seine neue Aufgabe zu meistern. In dem Jahr, in dem ihm die ersten Botschaften des Islams offenbart wurden, hatte ihn zudem die Geburt seiner ersten Tochter Fātime sehr glücklich gemacht. Danach hatte der Prophet verkündet: „Der Engel, der mir die Verse offenbart, ist gerade zu mir gekommen und hat mir zur Geburt dieses Kindes gratuliert. Gott hat ihr den Namen Fātime gegeben."

DIE VERWANDTEN

Als dem Propheten im vierten Jahr seiner Gesandtenschaft der Vers: *Und (o Gesandter) warne deine nächsten Verwandten,* offenbart wurde, rief er Alī zu sich und bat ihn, ihre Verwandten im Haus von Ebū Tālib zu versammeln und ihnen ein Festmahl mit Lammfleisch und Milch zu bereiten. Normalerweise hätte das Essen wohl nicht für mehr als eine Person gereicht, doch der Prophet sprach die *Besmele* (die Formel: Im Namen Gottes, des Erbarmers, des Barmherzigen) und wünschte den 40 Anwesenden einen guten Appetit. Da geschah ein Wunder und jeder von ihnen wurde satt, was alle Anwesenden zum Staunen brauchte. Aber noch bevor der Prophet dazu kam, sie zum Islam einzuladen, schaltete sich sein Onkel Ebū Leheb ein: „Erstaunlich! Wie ich sehe, hat euch dieser Mann hier verhext.“ Dann beschimpfte er den Propheten: „Ich habe noch nie jemanden kennengelernt, der seinen

Verwandten etwas so Böses antut, wie du es hier tust." Die Atmosphäre hätte angespannter kaum sein können. Ohne dem Propheten die Gelegenheit zu geben, sich zu rechtfertigen, verließen die Gäste den Raum.

Einige Tage später lud der Prophet sie noch einmal ein. Diesmal erhob er sich, nachdem die Gäste aufgegessen hatten, und sagte: „Meine lieben Verwandten aus der Familie von Abdulmuttalib. Unser Dank gilt Allāh. Ich glaube an Ihn und vertraue auf Ihn. Und nur Ihn rufe ich um Hilfe. Es gibt keinen Gott außer Allāh. Er ist einzig, und Er hat keine Götter neben sich. Der Tod wird euch wie im Schlaf ereilen. Und wie aus dem Schlaf werdet ihr auch aus dem Tod erwachen und wiederauferstehen, um Rechenschaft für eure Taten abzulegen. Für eure guten Taten werdet ihr belohnt werden, und für eure schlechten werdet ihr büßen müssen. Ihr werdet entweder ins Paradies eingehen oder in die Hölle kommen. Ihr seid die ersten Menschen, die ich warne. Ich lade euch dazu ein, an Allāh als den Einzigen Gott und an mich als Seinen Diener und Gesandten zu glauben. Wer von euch möchte mich unterstützen und mir ins Paradies folgen?"

Überrascht und schweigend tauschten die Anwesenden Blicke aus. Dann durchbrach die

Stimme des jungen Alī die Stille. „Ich werde dich unterstützen, Gesandter Gottes!“ Bewegt von seinem unschuldigen Wagemut, strich ihm der Prophet übers Haupt und sagte: „Seht her, hier sitzt mein Bruder und Helfer! Habt ihr gehört, was er gesagt hat?“ Da erhoben sich einige der Gäste und verspotteten Ebū Tālib: „Hört, hört! Muhammed rät dir, deinem eigenen Sohn zu gehorchen.“ Missmutig antwortete er ihnen: „Muhammed wird ihn nur Gutes lehren.“ Dann drehte er sich um zum Propheten und sprach: „Ich werde immer an deiner Seite sein und dich beschützen. Lade die Menschen nur weiter ein!“

Da ergriff Ebū Leheb wieder das Wort und sagte: „Ihr Söhne von Abdulmuttalib. Was sich hier abspielt ist schlimm. Haltet ihn auf, bevor andere es tun müssen!“ Doch Safiyye, eine Tante des Propheten, wies ihn zurecht: „Liebster Bruder, ziemt es sich etwa, deinen Neffen und seine Religion derart herabzuwürdigen? Warum tust du das, wo sich doch alle Gelehrten einig sind, dass aus den Reihen der Nachfahren von Abdulmuttalib ein Prophet hervorgehen wird?“ Ebū Leheb aber ließ sich durch ihren Einwand nicht aus der Ruhe bringen. Er redete einfach weiter, bis Ebū Tālib ihn wütend anfuhr: „Du bist ein Feigling. Sei gewiss, dass wir ihm helfen und ihn schützen werden, solange wir leben.“ Und an den Propheten gewandt fügte er hinzu: „Mein lieber Neffe! Gib uns Bescheid, wann immer du die Menschen zum Glauben an den Einzigen Gott einladen möchtest, damit wir dir zur Seite stehen können." Mit diesen Worten löste sich die Versammlung auf.

Noch am selben Tag bekannte sich auch Safiyye zum Glauben, während die anderen Tanten des Propheten noch zögerten, jedoch ebenfalls nicht abgeneigt waren.

OFFENE EINLADUNG

DER PROPHET LUD DIE MENschen weiterhin zum Islam ein. Einige hielten an ihrer ablehnenden Haltung fest, andere nahmen die Einladung an und zählten fortan zu den Gläubigen. Bald darauf offenbarte der Erzengel Gabriel dem Propheten die Verse 94 und 95 der Sure *Hidschr:*

> *So verkünde von nun an, was Wir dir aufgetragen haben, offen und auf eindringliche Weise, und kümmere dich (überhaupt) nicht um das, was jene, die Gott Teilhaber zur Seite stellen, sagen und tun. Wir genügen dir gegen all die Spötter.*

Da stieg der Prophet auf den Hügel Safē in unmittelbarer Nähe der Kaabe und rief: „Ihr Quraysch!“ Als die Leute auf ihn aufmerksam wurden, versammelten sie sich zu seinen Füßen und fragten ihn gespannt: „Muhammed, was hast du uns zu sagen?“ „Wenn ich euch berichten würde, dass euch aus dem nahegelegenen Tal ein Angriff eurer Feinde droht, würdet ihr mir dann glauben?" „Natürlich würden wir dir glauben. Denn wir haben dich als absolut vertrauenswürdig kennengelernt." Das war die Antwort, auf die der Prophet gewartet hatte. Und so fuhr er fort: „Ihr Mitglieder der Familie Fihr und ihr Nachkommen von Abdulmuttalib", und zählte alle Familien auf, die zum Stamm der Quraysch gehörten. „Ich wurde damit beauftragt, euch zu warnen. Nun schützt euch selbst vor dem Feuer der Hölle. Ich lade euch ein, euch zu dem Glauben zu bekennen, dass es keinen Gott außer Allāh gibt. Solange ihr dieses *Lē ilēhe illa-llāh* nicht sprecht, werde ich weder auf dieser Welt noch im Jenseits etwas für euch tun können." Da ergriff sein Onkel Ebū Leheb einen Stein und rief ihm zu: „Schande über dich! Dafür hältst du uns auf?" Dann schleuderte er ihn in Richtung des Propheten. Doch dieser ließ sich nicht beirren und warnte erneut: „Ihr Quraysch. Versucht, euch selbst vor dem Feuer der Hölle zu retten. Es liegt nicht in meiner Hand, euch davor zu bewahren!"

Zwar reagierte niemand von den Anwesenden ähnlich aggressiv wie Ebū Leheb. Doch hießen sie die Worte des Propheten auch nicht gut. Und so gingen sie tuschelnd auseinander. Als Antwort auf die Feindseligkeit, die Ebū Leheb seinem Neffen entgegenbrachte, wurde die Sure *Tebbet* herabgesandt, in der es heißt:

> *Im Namen Gottes, des Erbarmers, des Barmherzigen. Möge Verderben kommen über die beiden Hände von Ebū Leheb, und möge auch er selbst verderben. Weder hat ihm sein Reichtum genützt noch das, was er erworben hat. Er wird in ein flammendes Feuer eingehen, um zu brennen. Und (mit ihm) seine Frau, die Brennholzträgerin (die schlimme Geschichten und Verleumdungen weiterträgt), um ihren Hals wird ein Halfter aus fest geflochtenem Palmfaserstrick sein.*

Spätestens nach dieser offenen Einladung vom Hügel Safē herab gab es in Mekka niemanden mehr, der noch nicht vom Islam gehört hatte. Der Prophet nutzte jede Gelegenheit, um seine Einladung an seine Verwandten zu erneuern. Außerdem ging er mittlerweile zum Beten in die Kaabe und rezitierte dort offen aus dem Koran. Dabei wiederholte er immer wieder die Botschaft der Propheten vor ihm: „Kommt, und werdet Diener des Einen und Einzigen Gottes!“

DIE PLÄNE DER GÖTZENDIENER

ANFANGS NAHMEN DIE Götzendiener aus Mekka nur wenig Notiz von der Einladung zu dem neuen Glauben. Sie verharrten in ihrem Unglauben und dachten gar nicht daran, ihren Götzen abzuschwören. Dann aber merkten sie recht schnell, dass der Islam die Menschen vom Schlechten zum Guten einlud und dadurch ihre eigenen Ziele bedrohte. Deshalb erklärten sie den Propheten zum Feind. Währenddessen rückte die Zeit der *Haddsch*, der Pilgerfahrt, näher. Menschen aus allen Teilen der Arabischen Halbinsel würden nach Mekka kommen und die Einladung des Propheten vernehmen. Also grübelten die Götzendiener darüber nach, wie sie mit dieser neuen Situation umgehen sollten.

Sie befürchteten, dass viele Pilger, die von den Neuigkeiten aus Mekka erfuhren, die Stadt künftig nicht mehr aufsuchen könnten. Das würde sowohl ihre Handelsaktivitäten als auch ihr Ansehen schädigen. Möglicherweise würde sogar in frage gestellt werden, ob den Quraysch nicht die Verwaltung der Kaabe entzogen werden müsse. Dann hätte binnen kurzem ein anderer Stamm in Mekka das Sagen gehabt. Die Situation war ernst. Deshalb bildeten die Götzendiener ein Gremium, in dem sie sich berieten.

Sie einigten sich darauf, den Pilgern zu verkünden, dass der Prophet nicht den Stamm der Quraysch repräsentierte. Das Einfachste würde sein zu behaupten, dass er gar kein Prophet ist. Diese Lüge würden sie aber mit weiteren Unterstellungen stützen müssen. Einige schlugen vor zu beteuern, Muhammed sallallâhu 'aleyhi we sellem sei verrückt geworden. Andere plädierten dafür, ihn als Hellseher, Dichter oder Zauberer hinzustellen. Welīd ibn Mughīra, einer der älteren Götzendiener, war ohnehin der Auffassung, dass der Prophet über die Macht verfügte, gläubige Männer von Vater, Geschwistern, Ehefrau und ihrer ganzen Familie zu trennen. Er hielt den Propheten zwar nicht unbedingt für einen Magier, sprach ihm aber viele Eigenschaften eines Magiers zu.

Die Götzendiener wussten selber, dass das, was sie über Muhammed ul-Emīn sallallâhu 'aleyhi we sellem verbreiteten, nicht stimmte. Sie gestanden es ein, wenn sie untereinander redeten, wollten aber dennoch nicht von ihren Verleumdungen abrücken. Nach langen Beratungen beschlossen sie, an den Stadteingangstoren auf die Pilger zu warten und sie vorzuwarnen. Noch bevor die Pilger die Möglichkeit erhielten, selbst mit dem Gesandten Gottes zu sprechen, wollten sie ihnen erzählen, dass da ein Mann namens Muhammed sallallâhu 'aleyhi we sellem aufgetaucht war und eine neue Religion anpries, die ihren Götzen abschwor. Auf diese Weise wollten sie der Einladung des Propheten zuvorkommen. Dieser ließ sich aber nicht beirren und berichtete den Pilgern trotzdem von den Offenbarungen, die Gott ihm zuteilwerden ließ.

KORANREZITATIONEN

Tagsüber hatte der Prophet große Hürden zu überwinden, nachts besuchte er, wenn alle anderen schliefen, häufig die Kaabe und betete dort. Zuhause wiederum pflegte er nachts mit seiner lauten, schönen Stimme die Verse zu rezitieren, die ihm zuvor offenbart worden waren. Viele Mekkaner, die das wussten, versammelten sich dann heimlich vor seinem Haus, um seiner Koranrezitation zu lauschen. Und wer ihm einmal dabei zugehört hatte, wollte es unbedingt immer wieder tun. Unter den heimlichen Lauschern befanden sich auch eine Reihe von Götzendienern, wie beispielsweise Ebū Djehl und Achnes. Sie mussten vermeiden, dabei gesehen zu werden, wie sie nachts zum Haus ihres Widersachers schlichen, und hörten aus etwas weiterer Ferne zu, jeder an einer anderen Hausecke. Manchmal kreuzten sich ihre Wege auf dem Rückweg. Dann taten sie immer so, als sei nichts geschehen, und entfernten sich langsam. Einige der nächtlichen Zuhörer blieben den Muslimen trotzdem bei Tage feindselig gesinnt. Sie fanden nicht zum Glauben, waren hochnäsig, hatten Angst, verspottet zu werden, oder wandten sich anderen, belangloseren Dingen zu. Und manche versuchten sogar, diese Koranrezitationen ganz zu verhindern.

Trotz aller Anfeindungen und Gehässigkeiten hörten die Muslime in all der Zeit nicht auf, den Islam zu leben und den Koran zu rezitieren. Eines Tages trug der Prophet an der Kaabe die Sure *El-Hāqqa* laut vor, als auch Umar ibn ul-Khattāb anwesend war. Umar war ein sehr mutiger und furchtloser Krieger. Er gehörte zu den Herren von Mekka und auch zu denen, die die alten Traditionen achteten und die Botschaft des Propheten für überflüssig hielten. Nun lauschte er den vorgetragenen Versen und war so berührt von ihnen, dass er sich insgeheim dachte: „Anscheinend haben meine Freunde Recht. Er ist, wie sie sagen, ein sehr talentierter Dichter. Solch geschliffene Worte kann nur ein Dichter formulieren." Aber da kam der Prophet zu den Versen 40 und 41 der Sure, in denen es heißt:

Es ist ganz gewiss die Rede (die dir übermittelt wird durch) einen ehrwürdigen, edlen Gesand-

ten (Gabriel), und nicht die Rede eines Dichters (die im Hirn eines Poeten entstanden ist). Wie wenig ist es, was ihr glaubt! (Es ist so eingrenzt durch die Armut eurer Seelen und Herzen).

Umar zuckte zusammen. Es war, als hätten die Verse auf seine Gedanken geantwortet. Daraufhin sagte er sich: „Wenn er auch meine Gedanken lesen kann, muss er gleichzeitig noch ein Wahrsager sein." Aber der Prophet rezitierte weiter:

Und es ist auch nicht die Rede eines Wahrsagers (der vorgibt, Ereignisse voraussehen zu können). Wie wenig ist es, worüber ihr nachdenkt und was ihr beachtet! (Nein, fürwahr!) Es ist eine Offenbarung, die in Abschnitten herabgesandt wird vom Herrn der Welten. Wenn er, der Gesandte, es gewagt hätte, sich einige falsche Aussprüche auszudenken, um sie dann Uns zuzuschreiben, dann hätten Wir ihn gewiss mit Macht ergriffen; danach hätten Wir ihm gewiss die Herzader durchtrennt. Und nicht einer von euch hätte ihn vor Uns abschirmen oder retten können. Und dies ist fürwahr eine Ermahnung für die Gottesfürchtigen, Frommen. Wir sind ganz gewiss dessen gewahr, dass es unter euch welche gibt, die sie verleugnen. Doch dies wird wahrlich (ein

Grund für bittere) Reue unter den Ungläubigen sein. Und dies (der gesamte Koran) ist in der Tat die reine Wahrheit. Darum preise den Namen deines Herrn, des Erhabenen.

Umar war zutiefst ergriffen. Tränen rannen ihm über die Wangen. Doch plötzlich fielen ihm seine Götzen wieder ein. Er konnte sie ja nicht kurzerhand vergessen und seine alte Religion aufgeben. Also musste er sich vom Einfluss dieser Verse befreien und machte sich schnell von dannen.

Einen Augenblick lang war Umar dem Islam nahegekommen, dann hatte er sich vorerst wieder abgewandt. Aber die schönen Worte, die er da vernommen hatte, klangen in seinem Herzen weiter nach. Er hatte schon viele Dichter gehört, doch keinen, der sich mit diesem Mann hätte vergleichen lassen.

BESCHWERDE BEI EBŪ TĀLIB

Die Verbreitung des Islams machte die Götzendiener nervös. Sie versuchten mit allen Mitteln, die Muslime von ihrem neuen Glauben abzubringen, aber vergeblich. Auch gelang es ihnen nicht, zu verhindern, dass noch mehr Menschen zum Islam eingeladen wurden. Also beschlossen sie, Ebū Tālib das Oberhaupt der Familie der Hēschim, darum zu bitten, seinen Neffen zur Vernunft zu bringen. Sie suchten ihn auf und trugen ihm ihr Anliegen vor. Ebū Tālib hörte ihnen zu und versuchte sie zu besänftigen. Als die Götzendiener anschließend sahen, dass sich an der Situation nichts änderte und der Prophet seine Bemühungen weiter fortsetzte, suchten sie Ebū Tālib ein zweites Mal auf und sagten zu ihm: „Ebū Tālib, du besitzt große Autorität. Deshalb hatten wir dich gebeten, deinem Neffen Einhalt zu gebieten. Doch du hast nichts unternommen. Wir können nicht akzeptieren, dass man unsere Väter verachtet und unsere Götter verspottet. Entweder du hältst ihn auf, oder wir werden euch gnadenlos bekämpfen. Sollte dein Neffe einlenken, werden wir ihm jeden Wunsch erfüllen. Wenn er nach Reichtümern trachtet, werden wir sie ihm geben. Und wenn es ihn nach einem Thron verlangt, werden wir ihm die Königswürde verleihen. Ganz egal, was es ist, er soll es bekommen. Doch schärf ihm ein, dass er nicht länger für seinen Glauben werben darf!"

Daraufhin ging Ebū Tālib zum Propheten und übermittelte ihm ihre Worte zusammen mit der Bitte: „Mein lieber Neffe, schütze dich und mich. Halse mir keine Lasten auf, die ich nicht tragen kann." Ebū Tālibs Worte verletzten den Propheten. Tränen stiegen ihm in den Augen. Er sah seinen Onkel an und sagte zu ihm: „Mein lieber Onkel. Selbst wenn sie mir die Sonne in die rechte und den Mond in die linke Hand legen würden, würde ich nicht aufhören, die Wahrheit über den Einen Gott zu verkünden. Entweder wird Gott diese Religion überall auf der Welt verbreiten, oder ich werde auf diesem Weg mein Leben hingeben."

Enttäuscht erhob er sich und wandte sich zum Gehen, als sein Onkel ihn zurückrief: „Mein lieber Neffe, mach nur weiter wie bisher. Bei Gott, ich werde dich niemals im Stich lassen oder jemandem ausliefern."

DER DRUCK STEIGT

ALS DIE GÖTZENDIENER merkten, dass Ebū Tālib seinen Neffen weiterhin schützen und niemals im Stich lassen würde, schmiedeten sie neue Pläne in der Absicht, den Propheten und Khadīdsche, seinen größten Rückhalt, zu verletzen. Unter anderem übten sie Druck auf die Ehegatten der Töchter des Propheten aus, sich scheiden zu lassen. Seine älteste Tochter Zeyneb war mit Ebu'l-ʿĀs, dem Sohn von Khadīdsches Schwester, verheiratet und Ruqayye und Ummu Kulthūm mit Ebū Lehebs Söhnen ʿUtbe und ʿUteybe.

Die Götzendiener – unter ihnen auch der Schwiegervater von Ruqayye und Ummu Kulthūm, Ebū Leheb – versprachen den Ehegatten, dass sie im Falle einer Scheidung jedes andere Mädchen heiraten könnten. Nachdem die Sure *Tebbet* offenbart worden war, verlangte Ebū Lehebs Frau Ummu Dschemīl von ihren

Söhnen ʿUtbe und ʿUteyb: „Ruqayye und Ummu Kulthūm haben der Religion ihrer Vorväter den Rücken gekehrt. Trennt euch von ihnen, und verlasst sie!" Und Ebū Leheb drohte ihnen gar: „Wenn ihr euch nicht von Muhammeds Töchtern scheiden lasst, bin ich nicht mehr euer Vater."

Wenig später ließen sich ʿUtbe und ʿUteyb tatsächlich von den Töchtern des Propheten scheiden, was sowohl den Propheten als auch Khadīdsche sehr traurig stimmte. Denn der einzige Grund für die Scheidung war, dass sie die Töchter des Propheten waren. Ebū Leheb und Ummu Djemīl hingegen waren hocherfreut, den Propheten und seine Frau unglücklich gemacht zu haben. Ihre Freude hielt jedoch nur solange an, bis Ruqayye zum zweiten Mal heiratete: Osman ibn Affēn, einen der wohlhabendsten Männer von Mekka.

Am Ende wurde klar, dass sich die Quraysch verkalkuliert hatten. Denn im Nachhinein erwies sich die Scheidung für die Töchter des Propheten unerwartet als Segen. Das machte die Götzendiener nur noch zorniger. Besonders Ebū Leheb griff den Propheten und seine Familie nun noch heftiger an. Noch einmal versuchte er, Druck auf Ebu'l-ʿĀs, den Ehemann der ältesten Prophetentocher Zeyneb, auszuüben. „Lass dich von deiner Ehefrau scheiden, und du bekommst jedes Mädchen in Mekka, das du begehrst", stellte er ihm in Aussicht. Aber Ebu'l-'Ās erwiderte wütend: „Nein, ich werde mich weder von ihr trennen noch eine andere Frau heiraten."

Der wachsende Druck setzte dem Propheten schwer zu, aber eine weitere Hiobsbotschaft steigerte seine Trauer noch. Denn kurz darauf starb sein zweiter Sohn Abdullah, wie vorher bereits dessen älterer Bruder Qāsim. Der Prophet hatte seinen zweiten Sohn verloren und war völlig niedergeschlagen. Den Götzendienern aber spielte diese Tragödie in die Hände, und sie versuchten sie für ihre Zwecke auszunutzen. Wieder war es Ebū Leheb, der sich zu ihrem Wortführer aufschwang. Am Morgen nach Abdullahs Tod lief er zu den Quraysch herüber und brüllte: „Heute Nacht wurde Muhammeds Nachkommenschaft abgeschnitten." Er schreckte nicht davor zurück, die traurige Nachricht heraus zu posaunen.

'Uqbe, K'ab und 'Ās gehörten ebenfalls zu den Spöttern. Auch sie zerrissen sich den Mund darüber, dass der Prophet nun keine männlichen Nachkommen mehr hatte und seine Ahnenlinie deshalb zu Ende sei. Auf dem Rückweg von der Kaabe traf 'Ās den Propheten und unterhielt sich ein wenig mit ihm. Als er später von den Ältesten der Quraysch gefragt wurde, mit wem er denn da geredet habe, antwortete er:

„Ich habe mit dem *Ebtar*, dem Abgeschnittenen, gesprochen, dessen Ahnenlinie mit dem Tod seiner Söhne zu Ende gegangen ist. Wenn er keinen Sohn hat, wird sein Name nach seinem Tod schnell in Vergessenheit geraten, und ihr werdet eure Ruhe haben."

Sie lachten und machten ihre Scherze. Doch kurze Zeit später sandte Gott dem Propheten die Sure *El-Kewthar* herab. Darin hieß es:

> *Wahrlich der, der dich beleidigt, soll derjenige sein, der abgeschnitten ist (von sich ständig mehrendem Guten, einschließlich Nachkommen).*

Und tatsächlich sollte Gott die Stammbäume all derer, die den Propheten verspottet hatten, auslöschen. Gleichzeitig entwickelte sich der Stammbaum seiner Nachfahren zum erlauchtesten Stammbaum der Welt.

PEINIGUNGEN UND FOLTER

NACHDEM ALL IHRE Maßnahmen gegen den Islam nicht gefruchtet hatten, griffen die Götzendiener nun zu härteren Mitteln und bedrohten auch das Leben des Propheten. Ebū Djehl sagte zu seinen Leuten: „Wenn er morgen an der Kaabe betet und sich zur *Sedjde* niederwirft, werde ich ihm mit einem großen Stein den Schädel zertrümmern." Und die anderen ermunterten ihn noch: „Tu, was du für richtig hältst, und wir helfen dir dabei."

Als der Prophet am nächsten Tag an der Kaabe betete, trat Ebū Djehl mit einem riesigen Stein auf ihn zu. Doch so schnell er gekommen war, so schnell floh er auch wieder. Anschließend zitterte er am ganzen Körper; den Stein hatte er längst fallen gelassen. Als die anderen Götzendiener ihn fragten, was mit ihm los sei, antwortete er ihnen: „Da war ein gewaltig großes Kamel an seiner Seite; so groß, wie noch nie eines gesehen habe. Ich bin der festen Überzeugung, dass es mich gefressen hätte, wenn ich ihm noch einen Schritt näher gekommen wäre. Deshalb bin ich zurückgewichen.“

Dieses und ähnliche weitere Wunder bewegten immer mehr Menschen dazu, sich ebenfalls zum neuen Glauben zu bekennen. Die Zahl der Gläubigen stieg von Tag zu Tag. Parallel dazu gingen die Götzendiener nun aber dazu über, den Muslimen nicht mehr nur mit Hohn, Spott und Beleidigungen, sondern auch mit Gewalt zu begegnen. Die Muslime aus den angesehenen Familien Mekkas konnten sie nicht einschüchtern. Jene aus etwas ärmeren und kleineren Familien peinigten sie dafür umso mehr. Um sie von ihrem Glauben abzubringen und potenzielle neue Gläubige abzuschrecken, war ihnen bald jedes Mittel recht. Angesehene Götzendiener wie Ebū Djehl, Ebū Leheb, ‘Ās, Umeyye, Welīd und Nadr schreckten nicht davor zurück, Muslime hungern zu lassen, einzusperren, bewusstlos zu schlagen oder unter der stechenden Sonne auf einen nackten Felsen zu binden.

Ebū Bekr war einer der wenigen, der die Gepeinigten zu schützen versuchte. So kaufte er sieben muslimische Sklaven frei, darunter auch den ersten Muezzin Bilāl, und bezahlte für sie einen Preis, der weit über dem üblichen lag. In anderen Fällen lehnten die Besitzer der Sklaven einen Verkauf ab, obwohl er ihnen hohe Summen bot. Lieber wollten sie ihre Sklaven auch weiterhin foltern und sich mit ihnen amüsieren.

Ebū Djehl und seine Leute waren fest entschlossen, den schwächeren Muslimen das Leben zur Hölle zu machen. Als Erstes suchten sie Ammār und seine Familie auf. Ammār hatte mit seiner Mutter Sumeyye und seinem Vater Yāsir zum Islam gefunden. Er war ein Sklave des Stammes der Benī Mahzūm gewesen. Die Götzendiener zerrten sie bei helllichtem Tage auf ein schattenloses freies Gelände und folterten sie dort, bis sie die Lust daran verloren. Schließlich verließen den alten Yāsir die letzten Kräfte und er starb. Sumeyye weigerte sich bis zuletzt, ihren Glauben an Gott zu verleugnen und den Propheten zu beleidigen. Daraufhin tötete Ebū Djehl sie mit seinem Speer. Ammār war ebenfalls gefoltert und anschließend dazu gezwungen worden, die Verbrechen an seinen Eltern mit anzusehen, bis er irgendwann das Bewusstsein verlor. Als er wieder zu sich kam, sagten die Götzendiener zu ihm: „Solange du Lēt und Uzzē nicht anbetest, werden wir dich nicht gehen lassen.“ Schließlich sprach er die Namen der Götzen aus, und sie ließen ihn frei. Ammār machte sich schwere Vorwürfe, weil er die Namen dieser leblosen Götzen in den Mund genommen und seine Zunge mit ihnen beschmutzt hatte. Er war am Boden zerstört, schämte sich und entschuldigte sich beim Propheten. Bei dieser Gelegenheit offenbarte Gott dem Propheten einige neue Koranverse, die klarstellten, dass es kein Unglaube ist, unter Gewaltanwendung Dinge zu bezeugen, an die man im Herzen nicht glaubt. Diese Verse nahmen Ammār seine Gewissensbisse.

ARQĀMS HAUS

Als die Repressalien und der Druck der Götzendiener immer stärker wurden, beschloss der Prophet, nach einem sicheren Ort zu suchen, an dem er die Menschen auch weiterhin zum Islam einladen konnte. Er verlegte das Zentrum seiner Verkündung schließlich in das Haus von Arqām, einem seiner Gefährten, das zwischen den Hügeln Safē und Marwe lag, im heiligen Bezirk der Kaabe, östlich des Safē-Hügels. Da es von vielen anderen Häusern umgeben war, konnten seine Besucher dort unauffällig ein- und ausgehen. Außerdem fiel in dieser Gegend auch nicht weiter auf, wenn man nach ungebetenen Gästen Ausschau hielt. Gleichzeitig hatte das Haus den Vorteil, dass man eine gewisse Nähe zum Volk pflegen konnte.

An diesem Ort traf sich der Prophet von nun an mit seinen Freunden und unterwies sie im Islam. Sie rezitierten zusammen den Koran und beteten gemeinsam. Viele Mekkaner nahmen in Arqāms Haus, das mittlerweile den Namen *Dār ul-Islām* - Haus des Islams - trug, den Glauben an, unter ihnen auch Mus'ab ibn 'Umeyr. Er stammte aus einer vornehmen Familie und wurde von seinen Eltern derart umsorgt, dass ihm kein Wunsch verwehrt blieb. Der außerordentlich hübsche und elegante junge Mann war allseits respektiert, und seine Anwesenheit bei Versammlungen wurde als eine Ehre betrachtet. Als er seine Neugier über die neue Religion nicht länger bändigen konnte, suchte auch er Arqāms Haus auf und sprach dort an der Seite des Propheten das Glaubensbekenntnis.

Sein neuer Glaube motivierte Mus'ab sehr, aber aufgrund des gesellschaftlichen Drucks musste er ihn sogar vor seinen Eltern verheimlichen. Er besuchte den Propheten ohne ihr Wissen. Eines Tages aber beobachtete ihn ein Nachbar beim Gebet und informierte seine Verwandten, die ihn daraufhin umgehend aufsuchten. Sie bezichtigten den Propheten der Lüge, was Mus'ab sehr wütend machte. Als er ihnen von seiner neuen Religion erzählen wollte und aufstand, um aus dem Koran zu rezitieren, wollte ihm seine Mutter eine Ohrfeige verpassen. Doch seine Ausstrahlung und Ruhe ließen sie im letzten Moment innehalten. Trotzdem war sie überzeugt, bei ihren Götzen aus Holz und Stein Abbitte für ihren untreu gewordenen Sohn leisten zu müssen. Deshalb sperrte sie Mus'ab in ein Zimmer ein. Für den verwöhnten jungen Mekkaner begannen schwere Tage.

DER AUSZUG NACH ÄTHIOPIEN

ALS DIE SCHIKANEN UND Bosheiten der Götzendiener beinahe unerträglich wurden, baten einige Muslime den Propheten um die Erlaubnis, an einen Ort auszuwandern, an dem sie ihren Glauben frei und unbehelligt leben konnten. Da riet der Prophet ihnen: „Geht nach Äthiopien. Dort wird Gott euch die Freiheit schenken, die ihr euch wünscht."

Im fünften Jahr seiner Prophetenschaft zog eine Gruppe von 15 Muslimen, zehn Männer und fünf Frauen, von Mekka ins Land des christlichen Herrschers Nedjāschī. Zu ihnen gehörten auch Ruqayye, die Tochter, und Osman, der Schwiegersohn des Propheten. Als die Götzendiener erfuhren, dass die Gruppe Mekka verlassen hatte, brachen sie auf und verfolgten sie. Doch vergebens, die Muslime hatten sich längst eingeschifft und segelten bereits über das Rote Meer nach Äthiopien.

Nedjāschī der Äthiopier bereitete ihnen einen sehr freundlichen Empfang und ließ ihnen jede Hilfe zukommen. Als die Mekkaner davon hörten, schickten sie Gesandte aus, die die Auslieferung der Muslime beantragen sollten; denn sie befürchteten, dass der neue Glaube im Exil weiter an Stärke gewann. Nedjāschī erfüllte ihnen diesen Wunsch jedoch nicht.

HAMZA UND UMAR

Die Quraysch zeigten sich sehr überrascht von Nedjāschīs Weigerung, doch sie besaßen nicht die Mittel, ihn dafür zu bestrafen. Und die Ereignisse der folgenden Tage sollten sie noch mehr deprimieren. Ihre größte Sorge war stets gewesen, dass Hamza und Umar, ihre stärksten und mutigsten Männer, zum Islam finden könnten. Die beiden waren äußerst respekteinflößende Persönlichkeiten, und wenn sie die Lager wechselten, wäre das ein schwerer Schlag.

Eines Tages kehrte Hamza mit Pfeil und Bogen von der Jagd zurück, als ihn ein Dienstmädchen anhielt. Ganz außer Atem fragte es ihn: „Hamza, weißt du schon, dass Ebū Djehl deinen Neffen Muhammed bedroht und wüst beschimpft hat?" Da wurde Hamza zornig. Er liebte seinen Neffen, und es missfiel ihm sehr, dass ihm so viel Leid zugefügt wurde. Also ging er schnurstracks zur Kaabe weiter, ohne links und rechts zu grüßen.

Als Ebū Djehl ihn sah, bereute er sofort, was er getan hatte, doch es war zu spät. Hamza trat auf ihn zu, schlug ihm mit seinem Bogen auf den Kopf und sagte: „Wie kannst du es wagen, Muhammed derart zu beschimpfen? Auch ich heiße gut, was er predigt, und werde mich seiner Religion anschließen. Wenn du Mut hast, dann leg dich doch mit mir an!“

Hamza ließ Ebū Djehl so liegen und eilte zu seinem Neffen Muhammed ul-Emīn sallallāhu 'aleyhi we sellem, um ihm zu versichern, dass er ihm ab jetzt immer zur Seite stehen werde: „Ich bin überzeugt davon, Muhammed, dass du gut und richtig handelst. Mein lieber Neffe, wirb nur weiter für unsere Religion! Nichts wäre mir lieber als das, bei Gott! Denn auch ich nehme den Islam an.“ Hamzas Bekenntnis zum Islam gab den Muslimen Anlass zu großer Freude. Von nun an würden die Götzendiener ihn bei ihren Attacken immer im Auge behalten müssen.

Die Nachricht verbreitete sich schnell in ganz Mekka, und die Stammesfürsten der Quraysch sahen nun keine andere Möglichkeit mehr, der Ausbreitung des neuen Glaubens ein Ende zu setzen, als den Propheten zu töten. Allerdings war dies ein risikoreiches Unterfangen, da ein Mord eine Blutfehde zwischen Abdulmuttalibs Familie und ihnen heraufbeschwören würde.

Umar verfolgte ihre Gespräche im *Dār un-Nedwe,* dem Beratungshaus der Quraysch, schaltete sich ein und bot ihnen an: „Ich kann das tun!“ Dann band er sich kurzentschlossen seine Waffen um und zog los. Auf dem Weg zum Propheten traf er Nu‘aym. Nu‘aym war zwar Muslim, hatte es aber bisher geheim gehalten. Er fragte Umar: „Wohin des Weges Umar? Warum bist du so aufgeregt?“ „Ich werde den Mann töten, der uns entzweit hat und unsere Götter ablehnt“, antwortete Umar. Nu‘aym wurde unruhig. Er musste Zeit gewinnen und Umar irgendwie ablenken. Deshalb sagte er zu ihm: „Glaubst du denn, dass Muhammeds Familie dich am Leben lassen wird, wenn du das tust? Kümmere dich doch außerdem erst einmal um deine eigene Familie. Deine Schwester Fātime und ihr Mann Said gehören doch ebenfalls zu seinen Anhängern.“

Umar wurde wütend. Wenn Nu‘aym Recht hatte, musste er in der Tat zuerst seine eigenen Angehörigen bestrafen. Also schlug er eine andere Richtung ein und lief zum Haus seiner Schwester. Vor der Tür stehend, vernahm er von innen Geräusche. Als er genauer hinhörte, wurde ihm augenblicklich klar, dass da jemand Koranverse rezitierte. Genau wie damals, vor einigen Jahren an der Kaabe, berührten ihn die Worte Gottes auch jetzt wieder. Doch dann besann er sich, schlug an die Tür und forderte die Anwesenden lauthals auf, ihm zu öffnen.

Das ganze Haus war in Aufruhr, als sie Umars Stimme hörten. Schnell versteckten sie zuerst Khabbēb, der sie im Koranlesen unterrichtete, und dann auch die Koranverse, die sie bis eben gelesen hatten. Fātimes zögerliches Öffnen der Tür machte Umar noch wütender. Prompt fragte er sie: „Was habe ich da eben gehört?“ „Nichts. Wovon redest du?“ „Für mich hat es sich angehört, als würdet ihr euch jetzt auch zur Religion von Muhammed bekennen.“ Umar geriet immer mehr in Rage und schlug Said, ihren Ehemann, nieder. Als seine Schwester ihn aufzuhalten versuchte, schlug er auch auf sie ein. Blutüberströmt rappelte sich Fātime wieder auf, stellte sich furchtlos vor ihren Bruder und forderte ihn heraus: „Ja, es stimmt. Wir sind jetzt Muslime. Wir glauben an Allāh und Seinen Gesandten. Und nun tu, was du nicht lassen kannst.“

Eine lange Stille erfasste den Raum. Umar musterte seine Schwester, die er blutig geschlagen hatte. Trotz ihrer Verletzungen verteidigte sie ihren Glauben. Welche Kraft ihr der Glaube verliehen hatte! Plötzlich wurde der jähzornige Umar weich und sagte kleinlaut zu ihr: „Bitte zeig mir die Seiten, die ihr eben gelesen habt.“

Alle Anwesenden waren überrascht. Fātime zögerte kurz, dann erwiderte sie: „Wir haben Angst, dass du sie vernichtest." „Nein, ihr braucht euch nicht zu fürchten. Ich werde sie unbeschadet lassen." Da zeigte Fātime, wie man die Ganzkörperwaschung zu vollziehen hat. Umar vollzog sie, nahm die Seiten zur Hand und begann zu lesen. Inzwischen war auch Khabbēb aus seinem Versteck hervorgekommen. Er sagte zu Umar: „Umar, ich glaube, der Prophet hat für dich gebetet, und sein Gebet wurde angenommen. Gestern hörte ich ihn sagen: ‚Mein Gott, bitte unterstütze uns mit einem der beiden Umars. Entweder mit Umar ibn Hattāb oder mit ʻAmr ibn Hischām (Ebū Djehl).' Nun weiß ich, dass sein Gebet erhört wurde." Der sonst so kräftige Umar wirkte regelrecht schüchtern. Er wandte sich an Khabbēb und forderte ihn auf: „Khabbēb, bring mich zu Muhammed." Zusammen machten sie sich auf den Weg zum Haus von Arqām.

Währenddessen teilte der Erzengel Gabriel dem Propheten bereits mit, dass Umar unterwegs zu ihm war, um sein Glaubensbekenntnis abzulegen. Kurze Zeit später kniete Umar vor dem Propheten nieder und wurde Muslim. Dieses schöne Ereignis erfreute den Propheten so sehr, dass er und die anderen Muslime Gott lobpreisend dankten. Umar war fest entschlossen, seinen Sinneswandel ganz Mekka kundzutun. Er fragte den Propheten: „Gesandter Gottes, warum sollen wir Gott heimlich anbeten, wo doch die Götzendiener Lēt und Uzzē öffentlich verehren?“ Und dieser pflichtete ihm bei. Endlich waren die Muslime in der Position, ihren Glauben öffentlich zu machen, und so suchten sie gemeinsam die Kaabe auf. Die Götzendiener reagierten überaus gereizt. Ebū Djehl stellte die Muslime zur Rede und fragte Umar: „Umar, was hast du mit ihnen zu schaffen?“ Da antwortete Umar ihm mit ernster Miene: „Wer den Muslimen etwas antut, wird es mit mir zu tun bekommen. *Eschhedu an lē ilēhe illa-llāh we eschhedu enne Muhammeden abduhu we rasūluhu (Ich bezeuge, dass es keinen Gott gibt außer Allāh und dass Muhammed Sein Diener und Gesandter ist).* Ihr kennt mich. Und wer mich nicht kennt, soll wissen, dass ich Umar ibn Hattāb bin. Wenn ihr euch uns in den Weg stellt, werdet ihr es mit mir aufnehmen müssen.“

Diese Worte erschütterten die Götzendiener bis ins Mark. An dem Tag beteten die Muslime zum ersten Mal gemeinsam an der Kaabe. Und alle Pilger, die sich dort versammelt hatten, bekamen die Gelegenheit zu sehen, wie Muslime beten.

DIE ZWEITE REISE NACH ÄTHIOPIEN

NACHDEM DIE ERSTEN Muslime in aller Gastfreundschaft von Nedjāschī aufgenommen worden waren, schickte der Prophet eine zweite Gruppe nach Äthiopien. Diese machte sich im siebten Jahr seiner Prophetenschaft unter der Leitung von Dj'afar, einem Sohn von Ebū Tālib, auf den Weg. Die Gruppe zählte 104 Menschen, 83 Männer und 21 Frauen. Nedjāschī gewährte auch ihnen Schutz, sodass sie ihre Gebete von nun an ungestört und in Sicherheit verrichten konnten. Als die Götzendiener davon erfuhren, schickten sie ihnen Abdullah und 'Amr hinterher. Diesmal wollten sie Nedjāschī mit wertvollen Geschenken dazu verleiten, ihnen die Muslime auszuliefern.

Nachdem 'Amr dem Herrscher die Geschenke überreicht hatte, sagte er zu ihm: „König von Äthiopien! Diese Leute, die bei dir Zuflucht suchen, haben ihrer alten Religion den Rücken gekehrt und sich eine neue ausgedacht. Ihre Herren aus Mekka möchten, dass du sie ihnen auslieferst." Nedjāschī aber antwortete ihm: „Ich werde keine Entscheidung treffen, bevor ich nicht mit ihnen gesprochen habe. Ich lasse nicht zu, dass jemandem Unrecht geschieht, der in meinem Land Hilfe sucht." Dann rief er die Muslime zu sich und fragte sie: „Was ist das für eine Religion, zu der ihr euch bekennt?" Dj'afar antwortete stellvertretend für ihre ganze Gruppe: „König von Äthiopien! Wir waren Teil einer Gesellschaft, die in Unwissenheit lebte, Götzen anbetete, verbotenes Fleisch aß, üble Dinge tat und die Schwachen unterdrückte. Doch dann schickte uns Gott, unser erhabener Schöpfer, aus unserer Mitte einen vertrauenswürdigen Gesandten - den Propheten Muhammed sallallâhu 'aleyhi we sellem, der der Ehrenwerteste von uns allen ist. Er ruft uns zu Gott. Er lehrt uns, an die Einheit Gottes zu glauben, keinen anderen als Gott anzubeten und uns von den Götzen loszusagen. Er legt uns nahe, nur die Wahrheit zu sprechen, stets Wort zu halten, ein gutes Verhältnis zu unseren Verwandten und Nachbarn zu pflegen, keine Übeltaten zu begehen und kein Blut zu vergießen. Deshalb glauben wir jetzt an den Einen Gott, ohne Ihm Partner beizugesellen. Wovor Er uns warnt, betrachten wir als verboten *(harām),* und was Er uns empfiehlt als erlaubt (*halāl*). Leider haben sie uns deswegen zu Feinden erklärt. Sie haben uns gefoltert, damit wir von unserer Religion ablassen, und deshalb haben wir hier in eurem Land Zuflucht gesucht. Wir freuen uns darüber, dass ihr uns schützt, und wir sind überzeugt davon, dass uns bei euch kein Unrecht geschehen wird."

Nedjāschī war beeindruckt von Dj'afars Worten und forderte ihn auf, ihm einige offenbarte Verse vorzutragen. Da rezitierte ihm Dj'afar Verse aus der Sure *Maryem,* die die Geburt von Jesus und Johannes schildern. Anschließend waren der Herrscher und seine Priester zutiefst gerührt und weinten. Nedjāschī sagte: „Bei Gott, dieses Licht entspringt derselben Fackel. Sowohl der Prophet Moses als auch der Prophet Jesus haben die gleiche Botschaft überbracht."

Dann wandte er sich wieder den Gesandten der Quraysch zu und sagte: „Ihr könnt gehen. Ich werde sie euch nicht ausliefern." 'Amr aber war nicht gewillt, unverrichteter Dinge nach Mekka zurückzukehren. Am nächsten Tag ging er noch einmal zu Nedjāschī und fragte ihn: „Wusstet ihr, dass sie glauben, Jesus sei nur ein Diener Gottes?" Da rief Nedjāschī die Muslime wieder zu sich, um sich von ihrem Glauben an

Jesus berichten zu lassen. „Erzählt mir, was ihr über Jesus denkt“, forderte er sie auf. Dj‘afar antwortete ihm: „Wir wissen nur das, was unser Prophet über ihn berichtet hat. Er ist ein Diener und Gesandter Gottes. Er ist der Geist Gottes und das Wort, das der Jungfrau Maria herabgesandt wurde.“ Da bekräftigte Nedjāschī: „Nichts anderes hat auch Jesus selbst gesagt.“ Und er versicherte den Muslimen: „In meinem Land seid ihr in Sicherheit. Wer euch angreift, wird bestraft werden. Ich würde euch selbst dann nicht ausliefern, wenn man mir einen Berg aus Gold dafür bieten würde.“ Dann befahl er die Rückgabe der Geschenke an die Götzendiener. ‘Amr und seine Leute mussten mit leeren Händen umkehren.

Die Quraysch waren fest davon überzeugt gewesen, sich die Auslieferung der Emigranten erkaufen zu können. Dass es ihnen nicht gelungen war, versetzte ihnen den nächsten Schlag.

JAHRE DES BOYKOTTS

ALS DIE GÖTZENDIENER der Quraysch sahen, wie ihre Gesandtschaft samt all den mitgeschickten Geschenken zurückkehrte, und als sie hörten, dass es den Muslimen in Äthiopien gut ging, wurden sie Tag für Tag bedrückter. Die Dinge schienen ihnen zu entgleiten. Und an Muhammed sallallāhu 'aleyhi we sellem selbst kamen sie nicht heran, weil er von den Familien Abdulmuttalib und Hēschim geschützt wurde. Alle Angehörigen dieser Familien, egal ob Muslim oder nicht, stellten sich vor ihn.

Eines Abends versammelten sich die Götzendiener erneut und dachten sich eine Maßnahme aus, die die Muslime sogar noch härter treffen könnte als der Tod ihres Oberhaupts: einen Boykott, der sie und ihre Helfer gesellschaftlich isolieren würde. Man beschloss, solange alle Beziehungen zu den beiden Familien zu kappen, bis sie Muhammed sallallāhu 'aleyhi we sellem schließlich ausliefern müssten. Man wollte sie aus Mekka vertreiben, Eheschließungen mit ihnen verbieten und ihnen ihre Handelspartner abspenstig machen. Mit anderen Worten: Man war bereit, sie in den Tod zu schicken. Wenn sie vor Hunger in der Wüste starben, würde es auch keine Blutfehde geben.

Also verfassten sie eine Bekanntmachung, die sie für jedermann ersichtlich an einer Wand der Kaabe anschlugen. Im siebten Jahr der Prophetenschaft wurden der Gesandte Gottes, die Muslime und ihre Helfer aus der Familie der Hēschim daraufhin in einer nach Ebū Tālib benannten Straße Mekkas unter Hausarrest gestellt.

Diese Maßnahme sollte die Gläubigen schwächen und potenzielle Unterstützer abschrecken. Doch die Muslime und die Familie Hēschim erduldeten selbst diese schweren Repressalien, ohne dem Propheten von der Seite zu rücken. Ebū Leheb jedoch, der ja auch zur Familie Hēschim gehörte, schlug sich auf die Seite der Götzendiener und nahm damit billigend in Kauf, dass seine Verwandten möglicherweise starben.

In dieser drei Jahre währenden schweren Zeit litten die Gläubigen und ihre Freunde oftmals Hunger und Durst und lebten unter schwierigsten Bedingungen. Das ging sogar so weit, dass sie Blätter von den Bäumen oder Lederreste essen mussten. Vor allem das ständige Wimmern und Wehklagen der kleinen Kinder, die nicht genug zu essen bekamen, war kaum zu ertragen. Doch die Quraysch ließen sich dadurch nicht erweichen. Barmherzigkeit oder Reue waren ihnen fremd. Im Gegenteil. Sie kauften die Lebensmittel und Waren der Karawanen, die nach Mekka kamen, zu Höchstpreisen auf, nur um sie den Muslimen dann vorzuenthalten. Wer den Muslimen heimlich half, wurde hart bestraft.

In den Jahren des Boykotts stellten die wohlhabenderen Muslime ihr ganzes Hab und Gut für die Versorgung der Ärmeren zur Verfügung. Auch jetzt wieder erwies sich Khadīdsche als wichtigster Beistand ihres Mannes. Sie motivierte ihn und zögerte nicht, all ihr Geld für die Unterstützung der Notleidenden auszugeben, bis es schließlich aufgebraucht war. Damit gab sie den anderen Muslimen ein gutes Vorbild und bescherte dem Islam viele Sympathien.

DAS MOND-WUNDER

Im neunten Jahr der Prophetenschaft dauerte der Boykott gegen die Muslime an. Allen Plänen der Götzendiener zum Trotz führten die Qualen der Muslime eher dazu, dass der Islam noch mehr Gehör fand und sich weiter verbreitete. Da traten einige Quraysch, die von dieser Entwicklung verwirrt waren, an den Propheten heran und sagten zu ihm: „Wenn du wirklich ein Prophet bist, dann teil den Mond doch heute Nacht in zwei Hälften; und zwar so, dass die eine Hälfte über dem Ebū-Qubeys-Hügel und die andere über dem Quayqiyēn-Hügel zu sehen ist." Daraufhin fragte der Prophet sie: „Wenn ich das tue, werdet ihr dann an mich glauben?" „Ja, das werden wir", antworteten sie.

Also betete der Prophet lange zu Gott. Im Anschluss an sein Bittgebet erhob er die rechte Hand und zog mit dem rechten Zeigefinger eine Linie über den Mond. Und tatsächlich, als Reaktion auf seine Handbewegung wanderte die eine

Hälfte des Mondes zum Ebū-Qubeys-Hügel und die andere Hälfte zum Quayqiyēn-Hügel. Der Prophet machte die Anwesenden darauf aufmerksam, indem er sagte: „Nun seid ihr Zeuge geworden." Doch obwohl sie das Wunder mit eigenen Augen gesehen hatten, behaupteten einige der Götzendiener anschließend: „Muhammed hat uns verzaubert." Andere sagten: „Uns hat er verzaubern können, bei anderen wird ihm das nicht gelungen sein. Fragen wir doch morgen einfach Reisende, die von außerhalb der Stadt nach Mekka kommen, ob sie die Erscheinung ebenfalls gesehen haben. Falls ja, muss sich diese Spaltung wirklich ereignet haben. Falls nein, handelt es sich um einen Zauber."

Am nächsten Morgen befragten sie die Reisenden, und alle bestätigten ihnen, den Mond in zwei Hälften geteilt gesehen zu haben. Doch auch von diesem Wunder ließen sich die Götzendiener nicht überzeugen.

DAS ENDE DES BOYKOTTS

WÄHREND DER DREI JAHRE des Boykotts wirkte der Prophet neben der Spaltung des Mondes noch weitere Wunder, die viele Menschen zum Glauben bewegten. So verlor zum Beispiel Mansūr, der die Bekanntmachung über den Boykott verfasst hatte, seine beiden Hände. Das letzte Wunder aus dieser Zeit aber betraf die Bekanntmachung selbst, die an einer Wand der Kaabe hing. Sie wurde nämlich von einem Käfer zerfressen. Und anstelle des Dokuments hinterließ der Käfer nur einen Schriftzug mit den Worten *Bismik Allāhumme* - In Deinem Namen, o Gott. Gott informierte den Propheten darüber, der wiederum erzählte seinem Onkel davon. Ebū Tālib fragte ihn, ob das wirklich stimme, und der Prophet bekräftigte es: „Ja Onkel, es stimmt wirklich." Daraufhin eilte Ebū Tālib zur Kaabe und sagte an die Götzendiener gewandt: „Ihr Quraysch! Mein Neffe hat mir anvertraut, dass ein Käfer eure Bekanntmachung zerfressen und lediglich einen Schriftzug mit dem Namen Gottes übrig gelassen hat. Geht hin, und schaut es euch an! Wenn mein Neffe die Wahrheit sagt, werde ich ihn euch niemals ausliefern, und ihr beendet den Boykott. Hat er hingegen gelogen, so sollt ihr ihn bekommen."

Die Götzendiener stimmten zu und schickten jemanden, der die Bekanntmachung holen sollte. Als sie sahen, dass ein Käfer sie - wie beschrieben - bis auf den Schriftzug mit dem Namen Gottes zerfressen hatte, kamen sie aus dem Staunen nicht heraus. Ihnen fehlten die Worte, während Ebū Tālib schimpfte: „Seht ihr nun, wer hier wem Unrecht getan hat?" Keiner von ihnen antwortete ihm direkt, aber kurze Zeit später zeigten sie sich einsichtig. Sie gestanden ein, ihren Brüdern und Schwestern möglicherweise Unrecht getan zu haben, und hoben den Boykott auf. Die schwierige Zeit war vorüber, und die Muslime dankten Gott dafür, dass ihr Martyrium nun ein Ende gefunden hatte. In Mekka herrschte Feststimmung. Endlich konnten die Muslime wieder ungehindert mit ihren Freunden und Verwandten zusammentreffen.

Nach Ende des Boykotts kamen etwa 20 Christen aus Äthiopien nach Mekka gereist, um den Islam, von dem ihnen die ausgewanderten

Muslime schon berichtet hatten, noch besser kennenzulernen. Sie besuchten den Propheten an der Kaabe und lauschten respektvoll seiner Koranrezitation. Außerdem gefielen ihnen die Antworten, die er ihnen auf ihre Fragen gab. Als er sie zum Islam einlud, nahmen sie den Glauben tief bewegt an. Die Götzendiener, die Zeuge dieses Vorgangs wurden, beschimpften sie. Doch sie ließen sich nicht provozieren und entgegneten: „Genauso wenig wie wir uns zu solcher Art von Torheit herablassen würden, werden wir jemals wieder vom wahren Glauben abfallen."

DAS JAHR DER TRAUER

Auf die Freude über die Aufhebung des Boykotts folgten jedoch neue schwere Schicksalsschläge. Acht Monate später erkrankte zunächst Ebū Tālib schwer. Einige Angehörige des Stammes der Quraysch besuchten ihn und sagten zu ihm: „Ebū Tālib. Du weißt, dass wir dich sehr schätzen. Nun aber bist du schwer krank, und wir haben Angst um dich. Du weißt, dass wir kein gutes Verhältnis zu deinem Neffen haben. Bitte ruf ihn her und sag ihm, dass er uns und unsere Religion in Ruhe lassen soll."

Da rief Ebū Tālib seinen Neffen zu sich und erzählte ihm von ihrem Anliegen. Der Prophet antwortete ihnen: „Einverstanden. Aber im Gegenzug müsst ihr mir ein Versprechen geben; ein Versprechen, mit dem ihr die ganze Arabische Halbinsel und das Perserreich unter eure Herrschaft bringen könnt."

Ebū Djehl entgegnete: „Ich schwöre bei deinem Vater, dass wir dafür nicht nur ein, sondern zehn Versprechen abgeben würden." Da eröffnete der Prophet ihnen: „Bezeugt die Einheit Gottes, und sagt euch von allem, was ihr bisher angebetet habt, los." Als sie das hörten, schlugen sie sich in die Hände und sagten: „Muhammed! Willst du aus unseren vielen Göttern einen einzigen Gott machen? Welch widersinniger Wunsch!" Die Männer steckten die Köpfe zusammen, um sich zu beratschlagen, und kamen zu dem Ergebnis: „Dieser Mann wird uns nicht geben, was wir verlangen. Am besten, wir halten es so, wie wir es immer hielten, und lassen die Götter über uns urteilen."

Als sie fort waren, sagte Ebū Tālib zum Propheten: „Mein lieber Neffe. Wie ich sehe, hast du von den Männern nichts Verwerfliches verlangt." Diese Worte erfüllten das Herz des Propheten mit dem Wunsch, dass auch sein Onkel Muslim würde. Er trat zu ihm und sagte: „Liebster Onkel. Sprich doch wenigstens du das Glaubensbekenntnis, damit ich dir am Tag des Jüngsten Gerichts helfen kann." Doch Ebū Tālib erwiderte: „Liebster Neffe. Könnte ich mir sicher sein, dass die Quraysch mir nicht nachsagen, es nur aus Angst vor dem Tod abzulegen, hätte ich das Glaubensbekenntnis längst gesprochen und dir deinen Wunsch erfüllt."

Der Prophet war darüber sehr unglücklich. Er wollte nicht zulassen, dass sein Onkel starb, ohne an den Islam geglaubt zu haben. Nach einigen Tagen verschlechterte sich Ebū Tālibs Zustand zusehends, und der Prophet und sein anderer Onkel Abbēs wichen ihm nicht mehr von der Seite. Als sie sahen, dass Ebū Tālib im Sterben liegend die Lippen bewegte, hielt Abbēs sein Ohr ganz dicht an Ebū Tālibs Mund. Er hatte das Gefühl, dass sein Bruder doch noch das Glaubensbekenntnis abgelegt hatte, und sagte zum Propheten: „Mein Bruder hat das Glaubensbekenntnis gesprochen. Das hast du dir doch so sehnlichst gewünscht." Der Prophet aber erwiderte: „Ich habe es nicht gehört", und wurde von großer Trauer überwältigt. Ebū Tālib hatte den Propheten geliebt wie seinen eigenen Sohn und vor den Götzendienern beschützt, auch wenn er sich dadurch großen Gefahren ausgesetzt hatte. Der Prophet verlor mit ihm einen seiner wertvollsten Unterstützer.

Nach dem Tod von Ebū Tālib musste der Prophet kurz darauf noch einen weiteren Schicksalsschlag einstecken. Seine geliebte, treue Ehefrau und Lebensgefährtin Khadīdsche erkrankte ebenfalls schwer, was den Propheten in noch größeren Kummer stürzte. Besitzlos geworden und völlig entkräftet, war seine Frau zu schwach, um ihr Bett noch zu verlassen. Die einstmals reichste Frau von ganz Mekka krümmte sich vor Schmerzen, und in ihren Augen spiegelte sich große Sorge. Dass sie sterben würde, ängstigte sie nicht weiter. Denn sie wusste, dass sie mit dem Tod in die Ewigkeit eingehen würde. Aber der Gedanke daran, dass sie sich nun vom Gesandten Gottes würde trennen müssen und dass er die Probleme, die ihn erwarteten, allein würde bewältigen müssen, stimmte sie unendlich traurig. Doch das war ihr Schicksal, und so machten sie sich beide große Sorgen umeinander.

Drei Tage erst waren nach dem Tod von Ebū Tālib vergangen, als die Mutter der Gläubigen in der *Leylet ul-Qadr,* der Nacht der Bestimmung im Monat Ramadan des zehnten Jahres der Prophetenschaft, starb. Sie war in vielerlei Hinsicht immer die Erste gewesen: die erste Muslimin, die Erste, die die Gebetswaschung durchgeführt hatte, die Erste, die an der Seite des Propheten gebetet hatte. Und nun wurde sie auch zur ersten Märtyrerin aus der Familie des Propheten. Der Prophet ließ es sich nicht nehmen, selbst das Totengebet für Khadīdsche zu sprechen und sie auf dem Friedhof Hadjūn beizusetzen. Eigenhändig schaufelte er die Erde auf ihr Grab.

Die Muslime trauerten mit dem Propheten,

und der vielen Schicksalsschläge wegen bezeichneten sie dieses Jahr später als das Jahr der Trauer. Nach dem Tod seiner Frau verließ der Prophet nur noch selten das Haus; und wenn, dann aus dem einzigen Grund, den Gläubigen die Verse zu übermitteln, die ihm Gabriel nach wie vor offenbarte. Manchmal rezitierte er den Koran auch vor den Götzendienern, um sie zum Glauben einzuladen, aber ihre Meinung hatte sich in all der Zeit nicht geändert. Der Tod von Ebū Tālib und Khadīdsche stärkte ihre Position sogar und schenkte ihnen neuen Mut.

Der Prophet vermisste Khadīdsche sehr, ständig schwelgte er in Erinnerungen. Auch seine Töchter, denen er nun Vater und Mutter zugleich sein musste, waren völlig niedergeschlagen; besonders seine jüngste Tochter Fātime, die ihren Vater oft nach der Mutter fragte. Er tröstete sie, indem er ihr berichtete, dass Gabriel Khadīdsche von Gott gegrüßt habe und dass ihr im Paradies ein Schloss geschenkt worden sei.

Khadīdsche hatte sich den Gruß Gottes und das Lob des Propheten in ihrem Leben redlich verdient. Sie war eine treue und liebende Ehefrau und eine vorbildliche Mutter gewesen. Der Prophet sagte über sie: „Die beste Frau im Himmel ist die Tochter Imrāns, die heilige Maria, und die beste Frau auf der Erde ist die Tochter von Khuweylid, Khadīdsche.“ Er vergaß sie niemals und erzählte sein ganzes Leben von ihr und ihren Tugenden.

EWIGE FEINDSCHAFT

DIE GÖTZENDIENER NAHmen diese Schicksalsschläge zum Anlass, ihre Feindschaft zum Propheten und den Muslimen aufzufrischen. Nach Ebū Tālibs Tod kontrollierten sie den Stamm der Quraysch und konnten nun freier agieren. Schon vorher hatten sie den Propheten als Magier geschmäht, nun attackierten sie ihn auch körperlich. Einmal kam einer der Götzendiener hinter ihm her gerannt, und schüttete ihm Erde über den Kopf. Als seine kleine Tochter Fātime ihn später so sah, wurde sie sehr traurig. Sie holte Wasser und wusch ihrem Vater den Kopf, dabei weinte sie leise. Aber der Prophet wischte ihr die Tränen ab und versicherte ihr: „Weine nicht, mein kleiner Schatz. Gott wird deinen Vater beschützen." Und nachdenklich fügte er hinzu: „Bis zum Tod von Onkel Ebū Tālib hätten sich die Götzendiener niemals getraut, mir so etwas anzutun."

Die Pilgerzeit begann, und wie jedes Jahr strömten die Araber nach Mekka. An der Kaabe wurden Festzelte zur Unterhaltung aufgebaut. Und wie jedes Jahr besuchte der Prophet auch diesmal jeden einzelnen Stamm. Als er auf dem Festgelände einige Zuhörer, die sich für die neue Religion interessierten, um sich geschart hatte, forderte er sie auf: „Sprecht *Lē ilēhe illa-llāh,* und befreit euch!“ Da bewarf ihn plötzlich ein Mann aus der Menge mit Steinchen und rief: „Glaubt diesem Mann bloß nicht. Er ist ein Lügner.“ Die Steinchen trafen den Propheten am Fuß und brachten ihm Wunden bei. Aber geduldig verkündete er weiterhin Gottes Botschaft.

Ein Fremder namens Tāriq, der die Steinwürfe verwundert zur Kenntnis genommen hatte, fragte die Umstehenden: „Wer ist der Mann dort?“ „Er gehört zur Familie von Abdulmuttalib“, antwortete man ihm. „Und wer bewirft ihn da mit Steinen?“ „Das ist sein Onkel Ebū Leheb.“

Ebū Leheb sollte den Propheten bis zu seinem Lebensende weiter bekämpfen. Er und die anderen Götzendiener nutzten jede Gelegenheit, ihn anzugreifen. Eine solche ergab sich, als der Prophet wieder einmal an der Kaabe betete und einige Quraysch in der Nähe saßen. Sie bemerkten, dass der Prophet lange in der Gebetshaltung der *Sedjde* verweilte, und waren entschlossen, diesen Moment zu nutzen. Nicht weit entfernt lag ein Kamelmagen, und einer von ihnen fasste einen abscheulichen Plan. Er fragte die anderen: „Wer von euch traut sich, diesen Kamelmagen Muhammed auf den Rücken zu legen, während er betet?“

ʿUqbe meldete sich und behauptete frech: „Ich werde es tun.“ Er griff sich den Kamelmagen und setzte sein Vorhaben in die Tat um. Dann fingen sie alle lauthals an zu lachen. Der Kamelmagen war so schwer, dass der Prophet es allein nicht schaffte, wieder aufzustehen. Daraufhin eilte ihm seine Tochter Fātime zu Hilfe und schob den Kamelmagen beiseite. Erst da gelang es dem Propheten, sich wieder zu erheben. Er ging zur Kaabe hinüber und verfluchte die sieben Götzendiener, die dort immer noch saßen. Da hörten sie schlagartig auf zu lachen, denn sie fürchteten das Gebet des Propheten, weil sie wussten, dass die Gebete an der Kaabe fast immer erhört wurden.

TAGE IN TĀIF

AUFGRUND ALL DER SCHIKANEN, denen er sich in Mekka ausgesetzt sah, beschloss der Prophet, die bedrückende Atmosphäre der Stadt hinter sich zu lassen und seine Mission zunächst an einem anderen Ort fortzuführen. Mit Zeyd an seiner Seite ging er in die benachbarte Stadt Tāif, wo er zehn Tage blieb und das götzenergebene Volk zum Glauben an die Existenz und Einheit Gottes einlud. Doch wurde er dort alles andere als freundlich aufgenommen. Die Bewohner der Stadt befürchteten, dass ihre Jugendlichen den Islam annehmen könnten, und lehnten die Einladung des Propheten deshalb ab. Sie verspotteten ihn und sagten: „Hat Gott keinen anderen Propheten als dich, den Er schicken könnte? Sieh zu, dass du hier schnell wieder verschwindest!" Als der Prophet ihrer Aufforderung nachkam, wurde er nach Verlassen der Stadt von Landstreichern mit Steinen beworfen und ernsthaft verletzt. Unter

Einsatz seines Lebens versuchte Zeyd ihn zu schützen. Doch trotz seiner Bemühungen wurde der Prophet mehrfach getroffen und blutete bald stark. Zeyd erlitt eine Kopfwunde. Mit letzter Kraft gelang es ihnen, sich in die Gärten von 'Utbe und Scheybe zu retten. Dort kümmerte sich der Prophet um Zeyds Verletzungen. Nachdem sie sich unter einem Baum ein wenig erholt hatten, betete er zwei Rekāt, erhob seine Hände zum Himmel und sprach: „Alles geschieht nach Deinem Willen! Alle Macht und Stärke liegt in Deinen Händen!"

Der Besitzer des Gartens, ein entfernter Verwandter des Propheten, hatte ihm einige Tage vorher durch seinen Sklaven 'Addās ein paar Trauben zukommen lassen. In dessen Gegenwart aß der Prophet die Trauben, jedoch nicht ohne vorher die *Besmele* zu sprechen. 'Addās, ein Christ, war verblüfft und fragte den Propheten: „Ein ähnliches Wort wie dieses habe ich nie gehört. Was bedeutet es?" Der Prophet lächelte und fragte 'Addās nach seiner Herkunft. 'Addās antwortete: „Ich komme aus Ninive." „Aus der Heimat meines Bruders Jonas also." Da fragte 'Addās den Gesandten Gottes erstaunt, woher er denn Jonas kenne. Und das Gespräch, das sich daraufhin entwickelte, und die Aussagen der Priester über den letzten Propheten waren dem Sklaven Grund genug, sich zu dem neuen Glauben zu bekennen.

Nun aber ließen der Prophet und Zeyd diese gefährliche Gegend schnell hinter sich. Dem Propheten brach der Vorfall fast das Herz; wie benommen nahmen sie den Rückweg nach Mekka wieder auf. Erst als sie den Ort Qarn eth-Theʿālib erreichten, ging es ihm allmählich etwas besser. Plötzlich bemerkte er am Himmel eine Wolke, die ihm Schatten spendete. Und kurze Zeit später entdeckte er auch den Engel Gabriel, der ihn ansprach: „Gott hat gehört, was diese Leute zu dir gesagt haben. Damit du über sie richten kannst, schickt Er dir den Engel der Berge." Der Engel grüßte den Propheten, deutete auf die Berge rings um Mekka und sagte zu ihm: „Muhammed. Ich bin der Engel der Berge. Wenn du es wünschst, soll Tā'if unter diesen Bergen begraben werden."

Der Prophet aber antwortete mit unnachahmlicher Nachsicht und Milde: „Nein. Ich möchte nicht, dass sie zugrundegehen. Ich wünsche mir nur, dass aus ihrem Stamm Menschen hervorgehen, die einzig und allein an Gott glauben und an niemanden sonst!"

Der Prophet und Zeyd setzten ihren Weg fort. In dem Ort Nachle beteten sie das Morgengebet und erreichten schließlich Mekka.

MI'RĀDJ – DIE HIMMELSREISE

ELF JAHRE WAREN SEIT DER ERSTEN Offenbarung auf dem Berg Hirā vergangen, und noch immer bekämpften die Götzendiener von Mekka den Propheten und die Gläubigen mit allen Mitteln. Ebū Tālibs und Khadīdsches Tod, die täglichen Schikanen in Mekka und die Verachtung, die ihnen in Tāif entgegengeschlagen war, hatten den Propheten erschöpft.

Als er eines abends an der Kaabe Trost und Entspannung suchte, kam der Erzengel Gabriel zu ihm; diesmal jedoch nicht allein. Denn er brachte ein Reittier mit, auf dem auch frühere Propheten schon geritten waren. Es war größer als ein Esel, aber kleiner als ein Maultier und hieß Burāq. Gabriel öffnete dem Propheten die Brust und wusch sie mit Zemzem-Wasser aus. Danach kippte er ihm ein Gefäß mit Glauben und Weisheit in den Brustraum und verschloss ihn wieder.

Dann begann eine Reise ohnegleichen. Der Prophet saß auf Burāq auf, und das Tier galoppierte blitzschnell von einem Punkt am Horizont zum anderen. In wenigen Augenblicken erreichten sie die Al-Aqsa-Moschee auf dem Tempelberg in Jerusalem. Dort stieg der Prophet ab, um in der Moschee zu beten, während Gabriel Burāq an einer Säule festband. In der Moschee wurde der Prophet schon von anderen Propheten, unter ihnen auch Abraham und Moses, erwartet. Sie bildeten eine Reihe, und der Prophet betete in ihrer Gegenwart. Anschließend lud Gabriel ihn auf eine Reise hinter die Grenzen des Universums ein. Auf dieser Himmelsreise *(Mi'rādj)* durchstreiften sie verschiedene Sphären, und in jeder davon wurden sie von einem anderen Propheten begrüßt und mit Gebeten bedacht.

Auf dieser Reise wurden dem Gesandten Gottes auch die Hölle und das Paradies gezeigt. Dann stiegen sie noch höher auf, bis sie schließlich zum *Sidrat ul-Muntaha*, dem Lotusbaum an der Grenze zwischen Himmel und Hölle, vordrangen. Dort eröffnete Gabriel dem Propheten: „Nur einen Schritt weiter, und ich würde zu Asche verbrennen. Ab hier musst du deinen Weg allein fortsetzten."

Der Prophet durchstreifte Sphären, die nur

Gott bekannt sind, Sphären von unbeschreiblicher Schönheit. Dann begegnete der Prophet Gott und sprach mit ihm. Bei dieser Begegnung wurde ihm und den Muslimen das Pflichtgebet auferlegt.

Anschließend kehrte der Prophet nach Mekka zurück. Dort berichtete er erst seinen Nächsten von der Reise und danach auch anderen Bewohnern von Mekka an der Kaabe. Alle, die seinen Bericht hörten, waren verblüfft. Denn was er ihnen da erzählte, hätte die Kräfte eines Menschen bei weitem überfordert. Mit dieser Reise des Propheten hatte ihnen Gott Seine Allmacht unter Beweis gestellt.

Die Gläubigen, die sich um ihn geschart hatten, fragten den Propheten über die Zukunft aus. Sie entnahmen seinen Antworten Beweise und Zeichen. Sie baten ihn, ihnen die Al-Aqsa-Moschee zu beschreiben, und er ließ keine ihrer Frage unbeantwortet. Als Ebū Djehl vorüberkam, lauschte er ihrem Gespräch eine Weile und strich sich dabei genüsslich über den Bart. Er hatte neuen Stoff zum Spotten gefunden und fragte den Propheten: „Wenn ich deine Familie hier versammeln würde, würdest du ihnen dann dasselbe noch einmal erzählen?“ Als der Prophet bejahte, rief Ebū Dschehl sie tatsächlich zusammen, und der Prophet hielt Wort und berichtete auch ihnen von seiner Himmelsreise. Zu guter Letzt informierten die Götzendiener auch noch Ebū Bekr, weil sie hofften, dass dieser die Geschichte nicht glauben und dem Propheten die Gefolgschaft aufkündigen würde. Doch Ebū Bekr enttäuschte sie erneut. Denn er antwortete ihnen kurz und bündig: „Wenn der Prophet das sagt, dann stimmt es." Aufgrund seiner Treue verlieh ihm der Prophet daraufhin den Beinamen *Siddīq* - Der Treue.

DIE TREUEEIDE VON AQABE

Auch im 11. Jahr der Prophetenschaft strömten während der Pilgerzeit wieder Besucher aus Nah und Fern nach Mekka. Auch diesmal wieder suchte der Prophet den Kontakt zu ihnen, unterhielt sich mit ihnen und lud sie zum Islam ein. In Aqabe, einem Hügel zwischen Mina und Mekka, stieß er auf sechs Pilger aus Medina, die dem Stamm der Khazradj angehörten. Er rezitierte ihnen den Koran, woraufhin sie den Glauben annahmen und damit zu den ersten Muslimen jener Stadt wurden. Anschließend verabredeten sie mit dem Propheten, sich in der nächsten Pilgersaison am gleichen Ort wiederzutreffen. In der Zwischenzeit würden sie den Bewohnern von Medina vom Islam erzählen.

Im Jahr darauf kamen sie mit sechs weiteren Interessierten zurück. Die zwölf Männer aus Medina gaben dem Propheten folgendes Versprechen: „In ruhigen wie in schweren, in glücklichen wie in traurigen Zeiten werden wir dir folgen! Du wirst uns immer wichtiger sein, als wir uns selbst sind. Wir werden von keinem anderen als von dir Befehle entgegennehmen! Wir werden denjenigen, die uns auf dem Weg Gottes verspotten, kein Gehör schenken! Wir werden Gott keine andere Gottheit zur Seite stellen! Wir werden nicht stehlen, keinen Ehebruch begehen, niemals unsere Kinder töten! Wir werden uns niemals gegen dich stellen."

Dann fügten sie hinzu: „Prophet Gottes! Gib uns die Erlaubnis, morgen in Mina die Götzendiener zu töten." Der Prophet antwortete ihnen: „Gott hat so etwas nicht befohlen. Wenn ihr allerdings eurem Versprechen treu bleibt, wird euer Geschenk das Paradies sein. Wenn ihr es aber brecht, bleibt es Ihm überlassen, euch zu bestrafen oder zu vergeben." Dieser Treueeid wurde fortan der Treueeid von Aqabe genannt.

Die Muslime aus Medina wünschten sich vom Propheten einen Lehrer, der sie im Islam und im Koran unterweisen konnte. Inzwischen war Mus'ab ibn 'Umeyr aus Äthiopien zurückgekehrt. Ihn wählte der Prophet als Lehrer aus und schickte ihn mit ihnen nach Medina. So wurde Mus'ab ibn 'Umeyr also zum ersten Gefährten des Propheten, der nach Medina emigrierte.

Dort unterrichtete er die Bewohner der Stadt stellvertretend für den Gesandten Gottes in der neuen Religion. Im 13. Jahr der Prophetenschaft pilgerte Mus'ab schon mit 72 Gläubigen aus Medina nach Mekka und konnte dem Propheten von einer raschen Verbreitung des Islams in der Stadt berichten: „Gesandter Gottes! In Medina gibt es kein Haus, in das der Islam nicht Einzug gehalten hätte oder in dem wenigstens von ihm gesprochen wird."

Der Prophet empfing die neuen Gläubigen in Anwesenheit seines Onkels Abbēs, der sich selbst noch nicht zum Islam bekannt hatte, und er freute sich sehr über diese gute Nachricht. Dann berieten sie, wie realistisch eine Übersiedlung der Muslime nach Medina wäre. Die Muslime aus Medina versprachen, dass sie immer zu Gott und dem Propheten stehen und ihn vor seinen Feinden schützen würden, dass sie stets tun würden, was gut und notwendig sei, und dass sie sich sowohl mit ihrem Besitz als auch mit ihrem Leben für ihn und seine Ziele einsetzen würden. Dieses dritte Treffen der Muslime aus Medina mit dem Propheten wurde später der zweite Treueeid von Aqabe genannt. Nachdem sie dem Propheten diesen Treueeid geschworen hatten, wählte er unter ihnen 12 Vertreter aus, für jeden Stamm in Medina einen.

Die Muslime aus Medina waren einzeln und heimlich zu dieser Versammlung gekommen; deshalb erfuhren die Götzendiener erst davon, nachdem sie längst beendet war, und konnten nichts dagegen unternehmen.

ABSCHIED VON MEKKA

Durch die Treueeide von Aqabe stieg Medina in den Rang eines Ortes auf, an dem die Muslime Frieden und Schutz finden würden, während sie in Mekka ihres Lebens nicht mehr sicher waren. Und so emigrierten sie im 14. Jahr der Prophetenschaft von Mekka nach Medina. Ihr Glaube an Gott ließ ihnen keine andere Wahl. Sie hatten schlimmste Schikanen erduldet, aber nun mussten sie ihrer Heimatstadt aus Liebe zu Ihm den Rücken kehren. Gott wies ihnen den Weg, aber ihr ganzes Hab und Gut, ihre Verwandten und Freunde mussten sie zurücklassen.

Mit dem zweiten Treueeid von Aqabe im Monat Dhu'l-Hidjje war verabredet worden, dass die Muslime nach Medina kommen würden. Anfang des Monats Muharram erfolgte die endgültige Zusage. Die Götzendiener begrüßten den Auszug ihrer ungeliebten Mitbürger zunächst, waren gleichzeitig aber auch nervös. Um sich nicht unnötig der Gefahr von Übergriffen durch die Götzendiener auszusetzen, verließen viele Gläubige bei Nacht und Nebel die Stadt. Umar hingegen band sich Schwert, Pfeil und Bogen um und umschritt mit seinem Speer in der Hand die Kaabe. Dabei verkündete er so laut, dass es jeder hören konnte, dass er von Mekka nach Medina ausziehen werde. Danach machte er sich mit 20 anderen Muslimen auf den Weg. Aus Furcht vor Umar traute sich niemand, sie anzugreifen. Die übrigen Muslime folgten in kleineren Gruppen nach.

Diesen Auszug der Muslime von Mekka nach Medina nannte man *Hidschra*, die ausziehenden Muslime *Muhādjirīn* und die aufnehmenden Muslime in Medina *Ensār*.

Dem Propheten war es gelungen, fast alle Gläubigen unbeschadet nach Medina zu schicken. Nur Ebū Bekr, Alī und einige Familienmitglieder des Propheten hielten sich noch in Mekka auf. Die Götzendiener hatten den Verdacht, dass auch der Prophet nach Medina zu gehen beabsichtigte, und befürchteten, dass sein Weggang ihnen irgendwann einmal noch Schwierigkeiten bereiten könnte. Ihn in Mekka festzuhalten, würde ihnen aber auch keine Sicherheit verschaffen, da gaben sie sich keinen Illusionen hin. Also beriefen sie eine Versammlung ein, auf der man beschloss, ihn umzubringen. Auch der Satan nahm, als alter Mann verkleidet, daran teil. Um einen Bürgerkrieg zu vermeiden, übertrugen sie den Tötungsauftrag einer Gruppe, in der Mitglieder aus allen Stämmen vertreten waren. Auf diese Weise würde man hinterher nicht ermitteln können, wer genau den Mord begangen hatte. Außerdem würde es Muhammeds Familie nicht wagen, einen Krieg gegen alle Stämme in der Region anzuzetteln. Diese Idee von Ebū Djehl gefiel auch dem Satan.

Unmittelbar nachdem die Götzendiener diesen Beschluss gefasst hatten, befahl Gott dem Propheten, Mekka ebenfalls zu verlassen. Gabriel trug ihm auf, in der kommenden Nacht nicht in seinem Bett zu schlafen und auch Ebū Bekr zu benachrichtigen, dass sie nun endlich aufbrechen würden. Ebū Bekr wartete schon seit Monaten auf diese Nachricht und hatte eigens für diesen Zweck zwei Kamele gekauft. Und so verabredeten sie sich für die Nacht. Ebū Bekr besorgte Reiseproviant und organisierte einen Mann, der den Weg gut kannte und sie führen würde.

Viele Bewohner von Mekka - auch solche, die seine Religion verleugneten - vertrauten dem Propheten noch immer Wertgegenstände an, die sie zuhause nicht aufzubewahren wagten. Sie wussten, dass sie bei ihm in Sicherheit waren; und so legte er Wert darauf, sie ihren Besitzern vor seiner Abreise zurückzugeben. Unter diesen Besitzern befanden sich auch einige von denen, die ihn umzubringen gedachten. So verabredete er mit Alī, dass dieser sich in der Nacht in das Bett des Propheten legen und ihnen die Wertgegenstände dann am nächsten Morgen aushändigen sollte. Erst dann würde Alī ihnen nach Medina folgen.

In der Nacht legte sich Alī anstelle des Propheten in dessen Bett und schlief ein, während die Götzendiener das Haus umstellten und darauf warteten, dass der Prophet heraustrat. Und tatsächlich öffnete dieser die Tür und kam auf sie zu. Doch plötzlich nahm er eine Handvoll Erde vom Boden auf, schleuderte sie ihnen entgegen und rezitierte dabei die ersten neun Verse der Sure *Yā Sīn*. Daraufhin waren sie eine Zeitlang so damit beschäftigt, sich den Staub aus den Augen zu wischen, dass sie wie durch ein Wunder nicht bemerkten, wie der Prophet an ihnen vorbeiging. Auch Ebū Bekr hatte unter Beobachtung gestanden, er kletterte zum Fenster hinaus, um sich dem Propheten anzuschließen. Im Stockdunkel der Nacht zogen sie in Richtung des Bergs Thewr.

Nach einer Weile kam ein Mann am Haus des

Propheten vorbei und sah die Götzendiener dort warten. „Worauf wartet ihr denn hier?“, fragte er. „Auf Muhammed“, antworteten sie. „Aber der ist doch schon längst verschwunden. Und anscheinend hat er euch auch noch Staub auf den Kopf gepustet, bevor er ging.“ Die Götzendiener schäumten vor Wut. „Aber wir haben ihn nicht hinausgehen gesehen!“ Sie stürmten in das Haus und jubelten erst, als sie meinten, den Propheten in seinem Bett schlafen zu sehen. Einer von ihnen rief: „Da ist er doch. Er schläft in seinem Bett.“ Dann aber zogen sie die Decke weg und waren irritiert, Alī zu erblicken. „Wo ist Muhammed?“, fragten sie ihn. „Ich weiß es nicht“, antwortete er wahrheitsgemäß. Nicht weiter Notiz von ihm nehmend, verließen sie schnell das Haus, um sich an die Fersen des Propheten zu heften. Doch dieser war ihnen bereits weit voraus.

Während des Aufstiegs auf den Berg Thewr ging Ebū Bekr mal vor und dann wieder hinter dem Propheten. Als der Prophet dies bemerkte, fragte er ihn nach dem Grund. „Gesandter Gottes. Immer wenn mir in den Sinn kommt, dass die Götzendiener dich verfolgen könnten, gehe ich hinter dir, und immer wenn mir in den Sinn kommt, dass du beobachtet werden könntest, gehe ich vor dir“, erwiderte Ebū Bekr. Daraufhin fragte der Prophet weiter: „Würdest du denn wollen, dass das Unglück dich trifft statt mich?" „Ja, ich schwöre bei Gott, der dich mit dem Glauben zu uns gesandt hat, dass ich es vorziehen würde, an deiner Stelle getroffen zu werden."

Eine Stunde später kamen sie zu einer Höhle. Am Eingang der Höhle bat Ebū Bekr Muhammed sallallāhu 'aleyhi we sellem: „Gesandter Gottes, lass mich bitte vorangehen!" Dann säuberte er das Innere der Höhle und schritt sie ab, um alle Gefahren auszuschließen. Um sich gegen Angriffe von Skorpionen oder Schlangen zu wappnen, stopfte er die Löcher im Boden mit den Stofffetzen seines Hemdes aus. Erst dann bat er den Gesandten Gottes hinein. Dieser war so erschöpft von den Strapazen des Weges, dass er mit dem Kopf im Schoß seines Freundes einschlief. Nun bemerkte Ebū Bekr, dass er ein Loch übersehen hatte. Weil er aber nichts mehr hatte, um es zu verschließen, steckte er kurzerhand seine Ferse in die Bodenöffnung. Plötzlich spürte er einen stechenden Schmerz im Fuß - eine Schlange hatte ihn gebissen. Doch weil er unbedingt verhindern wollte, dass der Prophet aufwachte, weinte er nur leise und still in sich hinein. Dabei hatte er allerdings nicht bedacht, dass seine Tränen dem Gesandten Gottes auf den Kopf fielen. Sie weckten ihn auf, und rasch wurde ihm klar, was passiert war.

Da nahm er ein wenig von seinem gesegneten Speichel und bestrich damit Ebū Bekrs Wunde. Schnell fühlte dieser keinen Schmerz mehr, ganz als wäre er nie gebissen worden.

Die Götzendiener suchten fieberhaft nach dem Propheten und Ebū Bekr und setzten sogar ein Kopfgeld aus. Doch niemand wusste, wo sich die beiden aufhielten. Deshalb beschlossen sie, die umliegenden Berge zu kontrollieren, und schickten ihre für ihren Mut berühmte Reiterschar los. Während die Reiter Fährte aufnahmen, ließ Gott vor dem Eingang der Höhle einen Baum wachsen, der den Verfolgern die Sicht versperren würde. Zwischen dem Baum und dem Höhleneingang spann eine Spinne ihr Netz, und vor dem Baum und dem Netz bauten zwei Tauben ein Nest und brüteten.

Inzwischen hatten die Götzendiener den Berg erreicht. Einer ihrer Spurenleser sagte: „Seht nur, hier auf dem Stein ist eine Spur. Wohin sie von hier aus gegangen sind, weiß ich nicht, aber weiter als bis zur nächsten Höhle werden sie kaum sein.“ Dann kamen sie zur Höhle und versuchten, durch den Eingang einen Blick ins Innere zu erhaschen. Die Fußspuren endeten vor dem Eingang, aber das Spinnennetz und das Taubennest irritierten sie. „Wenn sie sich in diese Höhle geflüchtet hätten, gäbe es hier kein Spinnennetz. Und die Tauben würden auch nicht hier brüten", sagte einer von ihnen. Doch ein anderer entgegnete: „Lasst uns trotzdem mal hineinschauen!" 'Umeyye ibn Halef sah dazu keine Veranlassung: „Habt ihr denn keinen Funken Verstand im Kopf? Was wollt ihr denn in der Höhle, wo doch ein so dichtes Spinnennetz davorhängt. Das sieht für mich so aus, als sei es schon vor Muhammeds Geburt gesponnen worden."

Trotzdem fehlte nicht mehr viel, und sie würden die beiden Männer in ihrem Versteck entdecken. Aufgewühlt und mit zittriger Stimme sagte Ebū Bekr zu Muhammed sallallāhu 'aleyhi we sellem: „Es muss nur einer von ihnen den Fuß heben, und er entdeckt uns hier unten. Wenn ich sterbe, stirbt nur ein Mensch. Solltest du aber sterben, würde das ein ganzes Volk ins Verderben stürzen!" Der Prophet stand auf und sprach ein Gebet, doch Ebū Bekr redete erregt auf ihn ein: „Sie werden uns gleich finden. Ich schwöre dir, ich sorge mich nicht um mich selbst. Aber ich habe Angst davor, mit ansehen zu müssen, was sie dir antun." Daraufhin beruhigte ihn der Gesandte Gottes noch einmal: „Hab keine Angst, Ebū Bekr! Gott wird uns zweifellos zur Seite stehen. Er selbst weilt als Dritter hier unter uns. Sei unbesorgt."

Nach einer Weile kamen die Götzendiener zu

dem Schluss, dass sie den Propheten und Ebū Bekr hier nicht finden würden, und kehrten frustriert nach Mekka zurück, um nicht weiter Zeit zu verlieren. Zurück in der Stadt erhöhten sie das Kopfgeld auf den Propheten - tot oder lebendig - auf 100 Kamele.

Drei Tage lang blieben Ebū Bekr und der Prophet in ihrem Versteck. In diesen drei Tagen hörte sich Abdullah, der Sohn von Ebū Bekr, in den Straßen von Mekka um, was die Quraysch für Pläne hatten, und übermittelte seine Informationen dann abends seinem Vater und dem Propheten. Aber nicht nur er war ihnen auf ihrer Auswanderung behilflich. Ebū Bekrs Hirte, 'Amr ibn Fuheyra, ließ seine Schafe tagsüber mit den anderen Hirten zusammen weiden und zog dann abends allein mit der Herde in Richtung Höhle, wo er die Tiere melkte und eines von ihnen schlachtete. Am nächsten Morgen verließ Abdullah dann die Höhle und den Ort als Erster wieder, und 'Amr trieb die Herde hinter ihm her, um seine Fußspuren zu beseitigen.

In der dritten Nacht kam auch Abdullah ibn Urayqit zur Höhle, der sie nach Medina bringen sollte. Und mit ihm brachen der Prophet, Ebū Bekr und Ebū Bekrs ehemaliger Sklave ibn Fuheyra auf. Nach einer Weile blieb der Prophet plötzlich stehen und schaute zurück in Richtung Mekka - in Richtung jener Stadt, in der er geboren und aufgewachsen war und in der sich die Kaaba befand. Voller Wehmut sagte er: „O Mekka! Zweifellos bist du der segensreichste Ort, den Gott erschaffen hat. Ich hätte dich nie verlassen, wenn deine Bewohner mich nicht vertrieben hätten!" Gerührt sagte Ebū Bekr: *„Innē li-llēhi we innē ileyhi rādji'ūn!* (Wahrlich, zu Gott gehören wir, und zu Ihm werden wir einst heimkehren!). Dass sie den Gesandten Gottes aus seiner Heimat vertrieben haben, wird zweifellos ihr Untergang sein."

Dann setzten sie ihren Fußmarsch fort. Ohne Halt und Rast marschierten sie weiter, denn die Götzendiener der Quraysch waren ihnen nach wie vor auf den Fersen. Sie suchten sie überall, verfolgten ihre Spuren und machten bekannt, für die Ergreifung des Propheten und Ebū Bekrs sogar jeweils 100 Kamele zu zahlen.

Von diesem Kopfgeld hatte auch der Stamm der Mudlidj erfahren, der in einer Region, die die Auswanderer durchwandern mussten, ansässig war. Unter den Angehörigen dieses Stammes befand sich auch Surāqa ibn Dju'schūm, der für seine Tapferkeit bekannt war. Einer seiner Informanten trug ihm folgende Nachricht zu: „Surāqa, ich habe in weiter Ferne einige Reisende gesehen. Ich vermute, es waren Muhammed und Ebū Bekr."

Surāqa war von der Richtigkeit dieser Vermutung überzeugt. Da er das ausgesetzte Kopfgeld aber für sich behalten und mit niemandem teilen wollte, sagte er zu dem Mann: „Du hast dich bestimmt geirrt. Muhammed und Ebū Bekr dürften längst über alle Berge sein." Und der Mann pflichtete ihm bei.

Dann griff sich Surāqa sein Schwert und Pfeil und Bogen und nahm die Verfolgung auf. Er ritt, so schnell sein Pferd konnte, und stieß kurze Zeit später auf die Auswanderer. Als Ebū Bekr bemerkte, dass ihnen jemand folgte, war er sehr beunruhigt und sagte zum Propheten: „Gesandter Gottes. Da ist uns ein Mann auf den Fersen, und er hat uns bald eingeholt." Aber der Prophet antwortete ihm mit ruhiger Stimme: „Hab keine Angst. Gott ist bei uns." Nach einer Weile beschwor Ebū Bekr ihn erneut: „Gesandter Gottes. Dieser Mann hat es definitiv auf uns abgesehen. Nicht mehr lange, und er ist hier." Wieder stiegen ihm Tränen in die Augen. Wieder fragte ihn der Prophet: „Wieso weinst du?" Und wieder sagte er: „Ich weine nicht um mich, sondern um dich." Daraufhin wandte sich der Prophet in Surāqas Richtung und sprach ein Gebet: „Allmächtiger Gott. Schütze uns vor den bösen Absichten dieses Mannes. Lass ihn vom Pferd fallen."

Das Gebet des Propheten wurde augenblicklich erhört. Das Pferd geriet ins Stolpern und fiel; und mit ihm auch Surāqa. Doch Pferd und Reiter rappelten sich schnell wieder auf, und die Verfolgung ging weiter. Bald war Surāqa ihnen so nahe, dass er hören konnte, wie der Prophet ein weiteres Gebet sprach, als plötzlich die Vorderbeine seines Pferdes knietief im Sand einsanken. In Panik versuchte das Pferd, sich zu befreien, aber vergebens. Surāqa begriff, dass der Prophet und sein Freund von Gott beschützt wurden, und bat sie verzweifelt um Hilfe: „Ich bin Surāqa ibn Dju'schūm. Bitte helft mir. Ich will euch wirklich nichts mehr tun, ihr werdet nichts Schlimmes von mir zu befürchten haben. Muhammed, ich sehe, dass du dies alles vollbracht hast. Bitte sprich ein Gebet, damit Gott mich aus meiner Lage befreit. Ich verspreche dir, dass ich auch andere aufhalten und zum Umkehren bewegen werde. Hier ist mein Köcher. Nehmt euch so viele Pfeile heraus, wie ihr wollt. Und geh ruhig zu meiner Kamel- und Viehherde, und nimm dir so viele Tiere, wie du brauchst."
„Ich brauche deine Tiere nicht", erwiderte der Prophet, sprach aber trotzdem ein Gebet, woraufhin es dem Pferd gelang, aus dem Sand freizukommen und sich wieder aufzurichten.

Da verriet Surāqa dem Propheten: „Dein Volk

hat 100 Kamele auf deinen Kopf ausgesetzt, egal ob tot oder lebendig." Und er erzählte ihm, dass die Quraysch nichts unversucht ließen, um ihn zu ergreifen. Surāqa bat den Propheten, eine Vereinbarung zwischen ihnen aufzusetzen, die seinen Schutz garantieren würde. Da forderte der Prophet Ebū Bekr auf, die entsprechenden Worte auf ein Stück Leder niederzuschreiben, und überreichte es Surāqa anschließend. Dieser steckte sich die Schutzvereinbarung in seinen Köcher und sagte: „Befiehl mir, was immer du wünschst, Gesandter Gottes!" Da entgegnete der Prophet: „Geh zurück und trage Sorge, dass uns auch niemand sonst mehr folgt!" Surāqa versprach es und sagte: „Sei dir meiner Unterstützung gewiss."

DER SCHÖNSTE TAG

ERST ALS DIE AUSWANDERER IN DAS Dorf Kuba südlich von Medina kamen, beschloss der Prophet, einige Tage zu rasten; und behelfsmäßig richteten sie sich dort eine kleine Moschee her. Sie tankten neue Kräfte, dann zogen sie weiter. Wieder unterwegs, hielt der Prophet im Ranūna-Tal die erste Freitagspredigt und sie verrichteten das Freitagsgebet, das den Muslimen bis dahin nicht vorgeschrieben war.

Die Menschen in Medina erwarteten den Propheten bereits sehnsüchtig. Jeden Tag hielten sie von einer Anhöhe außerhalb der Stadt nach ihm Ausschau, und nun erblickten sie ihn endlich. Bei seinem Einzug in Medina schwappte die Euphorie der Muslime fast über. Wie der Mond in finsterer Nacht, erschien der Prophet in Medina. Männer, Frauen und Kinder waren auf den Straßen. Die Muslime drängten zum Propheten, um ihn persönlich zu begrüßen. Begleitet von Dankgebeten schüttelte der Prophet unzählige Hande, und sein treuer Freund Ebū Bekr wich ihm dabei nicht von der Seite. Die Muslime waren begeistert, viele weinten vor Glück und waren sich einig: „Der Mond ist auf dem Wedā'-Hügel über uns aufgegangen. Du lädst uns zum Guten ein, und solange du unter uns weilst, werden wir dir immer zu Dank verpflichtet sein. Unser Gesandter, du wurdest uns geschickt, und wir werden dir die Treue halten!"

Die Muslime in Medina freuten sich unbeschreiblich und rissen sich förmlich darum, den Propheten bei sich aufzunehmen. Viele griffen nach den Zügeln seines Kamels, um es in die Richtung ihrer Häuser zu lenken. Der Prophet aber ermahnte sie: „Lasst die Zügel los. Das Kamel weiß, was es tut. Es wird dorthin gehen, wo Gott es ihm befiehlt."

Das Kamel, das Qaswā gerufen wurde, legte sich erst vor das Grundstück von zwei jugendlichen Waisen namens Sehl und Suheyl. Dann aber stand es wieder auf und trottete weiter, um schließlich vor dem Haus von Ebū Eyyūb el-Ensārī, einem Mitglied der Familie Nedjjār, liegenzubleiben. In diesem Haus würde der Prophet die nächsten sieben Monate wohnen.

ENSĀR UND MUHĀDJIRŪN

FÜNF MONATE WAREN VERgangen, als der Prophet eine Versammlung von Muhādjirun und Ensār einberief. Die Muhādjirūn waren die Auswanderer, die ihrer Religion wegen ihre Heimatstadt Mekka verlassen mussten, und die Ensār waren die seit jeher in Medina ansässigen Muslime. In dieser Versammlung schlug der Prophet vor, dass jede Ensār-Familie, die die nötigen Mittel besaß, eine Muhādjirūn-Familie bei sich aufnehmen sollte. Die einen würden den anderen eine Stütze sein. Dem Vorschlag wurde zugestimmt, und der Prophet teilte jeder Muhādjirūn-Familie eine Ensār-Familie zu. Danach erklärte er einzelne Gläubige zu Geschwistern: Mekkaner untereinander sowie auch Mekkaner und Medinenser. Dadurch sollten die Bande der beiden Gruppen untereinander gestärkt werden. Der Prophet hoffte, dass auf diese Weise das Eis zwischen Mekkanern und Medinensern schnell schmelzen würde. Und tatsächlich wetteiferten die Muslime von Medina darum, die Muslime aus Mekka bei sich aufzunehmen. Sie schlugen dem Propheten sogar vor, ihre Gärten unter den Muhādjirūn aufzuteilen. Dieser antwortete ihnen: „Arbeitet zusammen, und teilt den Gewinn unter euch auf." Und das taten sie von nun an.

Die Auswanderung nach Medina brachte für die Muslime große Erleichterungen mit sich. In der Nähe des Propheten und mit den Prinzipien des Islams bauten sie sich ein neues Leben auf. Die mühseligen und angstvollen Tage waren vorerst vorüber, und sie schätzten sich glücklich, ihren Glauben hier in Medina in einer Atmosphäre der Freiheit und der Sicherheit leben zu können.

Als sie dem Propheten die erste Frucht ihrer neuen Ernte überreichten, sagte dieser: „O Gott. Gewiss war Abraham Dein Diener, Freund und Prophet, ebenso wie auch ich Dein Diener und Prophet bin. Genauso wie er für Mekka gebetet hat, bete ich nun für Medina um Segen. Ich erbitte für Medina doppelt so viel, wie Abraham für Mekka erbeten hat." Dann übergab er die Frucht dem jüngsten Kind, das gerade in seiner Nähe war. Und nach diesem Bittgebet um Segen blühte die Stadt Medina auf.

MESDSCHID UN-NEBEWĪ

WEIL ES IN MEDINA KEINE Moschee gab, in der sich die Muslime treffen, den Koran rezitieren, zusammen beten und dem Propheten zuhören konnten, betete der Prophet anfangs nicht immer in Gemeinschaft. Dann aber kaufte man das Grundstück, vor das sich das Kamel des Propheten beim Einzug in die Stadt gelegt hatte, und errichtete dort die erste Moschee der Stadt. Der Prophet ließ es sich nicht nehmen, bei den Bauarbeiten mit Hand anzulegen, und ging mit gutem Beispiel voran. Als einer seiner Gefährten ihn wieder einmal eine schwere Last tragen sah, wollte er sie ihm abnehmen. Aber der Prophet entgegnete: „Ich brauche genauso viele Wohltaten wie du, um Gottes Wohlgefallen zu erlangen."

Für den Propheten und seine Familie wurden an der Moschee noch einige kleine Zimmer angebaut, und nach der Fertigstellung errichtete man auch eine Kanzel. Zuvor hatte der Prophet seine Predigten immer am Stumpf einer ausgetrockneten Dattelpalme gehalten. Die neue Kanzel machte diesen dann überflüssig. Doch bei der nächsten Predigt entfuhr dem Dattelstumpf plötzlich ein Wehklagen, das an ein aufjaulendes Kamel erinnerte. Also ging der Gesandte Gottes zu ihm und tröstete ihn. Und erst da verstummte der Stumpf wieder. Der Prophet kommentierte diesen Vorfall später mit den Worten: „Wenn ich ihn nicht beruhigt hätte, hätte er noch bis zum Tag des Jüngsten Gerichts weiter geweint." Auf Geheiß des Propheten wurde der Dattelstumpf dann unter der neuen Kanzel im Boden vergraben.

In der neuen Moschee wurde fünfmal am Tag gebetet. Der Prophet amtierte als Vorbeter und Prediger, während das Amt des Muezzins vom ersten Tag an von Bilāl ul-Habeschī ausgeübt wurde. Vor jeder Gebetszeit versammelten sich die Muslime vor der Moschee, denn hier wurden die Gebetszeiten nach dem Sonnenstand ermittelt.

Bilāl ul-Habeschī rief die Gläubigen mit einem *„'Ales-salāh, 'ales-salāh"* (Zum Gebet, zum Gebet!)" oder mit einem *„Es-salātu djāmi'atun"* (Das Gebet vereint! Oder: Vereint euch zum Gebet!). Doch diese Worte erreichten die weiter entfernt Wohnenden kaum, und so schafften sie es bisweilen nicht rechtzeitig zum Gebet in die Moschee. Deshalb rief der Prophet die Muslime zusammen und fragte sie, welche Methode mehr Erfolg verspreche. Es wurden viele Vorschläge gemacht, beispielsweise Glocken zu läuten, in ein Horn zu blasen, oder ein Feuer anzuzünden. Doch keiner der Vorschläge konnte den Propheten überzeugen. Als sie zu keinem gemeinsamen Entschluss kamen, löste er die Versammlung auf.

Einige Tage später kam ein Gefährte namens Abdullah ibn Zeyd zum Propheten, um ihm von einem merkwürdigen Traum zu berichten, den er in der Nacht zuvor gehabt hatte: „Heute Nacht habe ich von einem in Grün gekleideten Mann geträumt. Er hielt eine große Glocke in der Hand. Ich fragte ihn: ‚Würdest du mir die Glocke verkaufen?‘ ‚Was willst du denn damit?‘, fragte er zurück. ‚Damit will ich die Gläubigen zum Gebet rufen.‘ ‚Ich habe etwas Besseres für dich‘, erwiderte der Mann. ‚Was denn?‘, fragte ich ihn, als er sich plötzlich der Kaabe zuwandte und zu rufen begann:

‚*Allāhu ekbar, Allāhu ekbar,*
Allāhu ekbar, Allāhu ekbar,
Eschhedu en lē ilēhe illa-llāh,
Eschhedu en lē ilēhe illa-llāh,
Eschhedu enne Muhammeden resūlullāh,

Eschhedu enne Muhammeden resūlullāh,
Hayye ales-salāh, hayye ales-salāh,
Hayye alelfelāh, hayye alelfelāh,
Allāhu ekbar, Allāhu ekbar,
Lē ilēhe illa-llāh.'"

Später stellte sich heraus, dass auch viele andere Gefährten - unter anderem Umar - in dieser Nacht einen ähnlichen Traum gehabt hatten. Der Gebetsruf war dabei immer derselbe gewesen. Nachdem der Prophet jeden Einzelnen von ihnen angehört hatte, sagte er zu Abdullah ibn Zeyd: „Bring diese Worte Bilāl bei. Er soll den Gebetsruf sprechen. Seine Stimme ist stärker als deine." Zur nächsten Gebetszeit stieg Bilāl auf den höchsten Punkt in Medina und rief die Muslime erstmals mit dem neuen Gebetsruf in die Moschee.

Als die kleinen Räume neben der Moschee bezugsfertig waren, verließ der Prophet das Haus von Ebū Eyyūb und ließ sich mit seinen Töchtern in seinem neuen Heim nieder. Kurze Zeit später wurde die Ehe zwischen dem Propheten und Ebū Bekrs Tochter Āische geschlossen. Die Verlobung hatte noch in Mekka stattgefunden, die Hochzeit selbst aber war damals verschoben worden. Nun zog Āische zum Propheten, und ein neues Kapitel in seinem Familienleben begann.

DIE BEWOHNER DER SUFFE

In der Moschee des Propheten wurden die Muslime - jung und alt gleichermaßen - im Islam unterwiesen. Hier unterrichtete der Prophet täglich seine Gefährten. Im Vorhof der Moschee wohnten etwa 70 von ihnen, die weder eine eigene Wohnung noch eine Familie hatten. Sie wichen dem Propheten nie von der Seite, lernten auswendig, was er ihnen beibrachte, und eigneten sich auf diese Weise ein sehr tiefes Wissen über den Islam an. Schon bald wurden sie Ashāb us-Suffe genannt, die Gefährten des Vorhofs. Nachts beteten sie, lasen im Koran und studierten, tagsüber beschäftigten sie sich mit anderen Arbeiten.

Diese Menschen lagen dem Propheten sehr am Herzen; wann immer er von irgendjemandem beschenkt wurde, reichte er einen Teil der Geschenke an sie weiter. Ihre Ausbildung hatte hohe Priorität, weil auf der ganzen Arabischen Halbinsel Gelehrte gebraucht wurden. Und jedes Mal, wenn ein neuer Stamm den Islam annehmen und mehr über den Koran oder die Aussprüche des Propheten erfahren wollte, wurde einer von ihnen ausgeschickt. Die Ashāb us-Suffe waren die Erben des Wissens des Propheten. Auch Ebū Hurayra, der die meisten Hadithe übermitteln sollte, war einer von ihnen.

VERTRAG UND EINHEIT

NACH SEINER ANKUNFT in Medina hatte der Prophet die Muslime darauf eingeschworen, mit ihrem Besitz und ihrem Leben füreinander einzutreten. Damit war die Basis für eine starke muslimische Gemeinde in Medina geschaffen. Zu jener Zeit hatte Medina etwa 10.000 Einwohner, davon 1.500 Muslime, 4.000 Juden und 4.500 Götzendiener. Daher musste als Nächstes eine Ordnung aufgestellt werden, die ein friedliches Zusammenleben ermöglichte.

Der Prophet ließ die Grenzen der Stadt ermitteln und kennzeichnete das Gebiet innerhalb dieser Grenzen als unantastbar *(harām)*. Damit wurden selbst die Tiere und Pflanzen innerhalb des Stadtgebietes unantastbar. Danach wurde erstmals eine Volkszählung in Medina durchgeführt. Der Prophet ordnete vieles in Medina neu. Obwohl sich der Prophet noch nicht lange in Medina aufhielt, herrschte in der Stadt eine

Atmosphäre des Vertrauens und der Harmonie. Die Bewohner von Medina waren sich einig darin, dass man den Propheten auch bei Problemen, die eigentlich unlösbar schienen, immer um Rat fragen konnte.

Bei einem möglichen Angriff auf die Stadt musste man als Einheit auftreten. Deswegen kam der Prophet auf die Idee, mit den unterschiedlichen Stämmen und den Juden Vereinbarungen zu treffen. Er einigte sich mit den Familien der Ews und der Khazradj und dann auch mit den jüdischen und polytheistischen Stämmen der Stadt. Auch wurde dem Propheten die Befehlsgewalt über die Stadt zuerkannt. Alle Vereinbarungen wurden im ersten Stadtvertrag von Medina schriftlich fixiert. In dem Vertragstext hieß es:

„*Bismillāhirrahmānirrahīm.*

Dieser Vertrag wird zwischen den Gläubigen und Muslimen der Quraysch und von Medina und jenen, die ihnen verbunden sind, geschlossen. Es ist eine Abmachung zwischen Vertragsparteien, die denselben Richtlinien folgen und bei der Verteidigung zusammen arbeiten möchten. Diese sind eine einzige Gemeinschaft, die sich von anderen unterscheidet ...“

Außerdem wurde im Vertrag festgelegt, dass alle dort aufgeführten Stämme sich darum bemühen sollten, dem Guten Vorschub zu leisten und das Schlechte zu stoppen. Bei möglichen Unstimmigkeiten wollten sich alle dem Urteil Gottes und Seines Propheten beugen.

Ein zweiter Vertrag wurde mit den Juden geschlossen. Ihm zufolge sollten die Juden genau wie die Muslime im Kriegsfall materielle Unterstützung leisten. Diese Kooperation zu Verteidigungszwecken würde Medina schützen. Sowohl Muslime als auch Juden sollten ihren Glauben frei ausleben können. Die Rechtsprechung der Gruppen untereinander sollte sich an den jeweiligen Heiligen Schriften orientieren. Die Muslime würden sich an den Koran und die Juden an die Thora halten, und niemand sollte sich beim anderen einmischen. Bei gruppenübergreifenden Konflikten würden ebenfalls die Gebote Gottes maßgeblich sein; jedoch würde in diesem Fall der Prophet als Richter fungieren.

DIE GEBETSAUSRICHTUNG AUF DIE KAABE

16 MONATE LANG BETETEN DER Prophet und die Muslime in Richtung des Tempelbergs in Jerusalem, der auch eine heilige Stätte der Juden war. Schon in Mekka hatte der Prophet zwar vor der Kaabe, aber in Richtung Tempelberg gebetet. Aber in Medina war es nun nicht mehr möglich, sich zugleich in die eine und die andere Richtung zu wenden. Der Prophet vermisste es, das Gebet in Richtung der Kaabe zu verrichten. Deshalb sagte er eines Tages zu Gabriel: „Gabriel, ich wünsche mir, dass Gott mein Gesicht vom Tempelberg wieder der Kaabe zuwendet.“„-Bete zu Gott, und wünsche es dir von Ihm!“, antwortete ihm Gabriel. So blickte der Prophet oft zum Himmel, bevor er betete, bis Gott ihm den 144. Vers der Sure *El-Baqara* herabsandte:

Wir haben gewiss gesehen, wie du (o Gesandter) dein Gesicht oft dem Himmel zukehrst. Wir wer-

den dich bestimmt einer Gebetsrichtung zuwenden, mit der du zufrieden sein wirst. So wende dein Gesicht in Richtung der Heiligen Moschee (El-Mesdschid ul-Harām). Und ihr, o ihr Gläubigen wo immer ihr auch sein mögt, wendet euer Gesicht beim Beten in ihre Richtung.

Da begannen die Muslime sich in ihren Gebeten, wie schon zuvor in Mekka, wieder der Kaabe zuzuwenden. Dies ereignete sich an einem Montag im 17. Monat nach dem Auszug der Muslime von Mekka nach Medina. Als der Prophet im Viertel Benī Seleme mit der Gemeinschaft gerade das Mittagsgebet verrichtete und zwei Rekāt gebetet hatte, kam von Gott die Offenbarung, dass alle sich von nun an der Kaabe zuwenden sollten. Und noch während dieses Gebets folgten die Muslime der Aufforderung und nahmen die neue Richtung ein. Die Moschee in Benī Seleme wird seither als die Moschee mit den zwei Gebetsnischen bezeichnet. Zwei Monate, nachdem die von nun an geltende Gebetsrichtung festgelegt wurde, wurde im Monat Schaʿbān, dem zweiten der heiligen drei Monate, das Fasten im Ramadan allen Muslimen als Pflicht auferlegt.

DER ERSTE SIEG

NACH DER ERSTEN Offenbarung in der Höhle am Berg Hirā hatten die Muslime sehr viel Leid ertragen müssen. Einige von ihnen waren gefoltert worden, um sie von ihrem neuen Glauben abzubringen, einige waren nach Äthiopien ausgewandert und andere nach Medina. In Medina war der Zusammenhalt unter den Muslimen besonders stark ausgeprägt. Der Islam verbreitete sich, und die Muslime gewannen an Einfluss. Die Götzendiener der Quraysch hingegen wurden in ihren Lästerungen gegen Gott immer rasender. Auch leugneten sie weiterhin den Propheten, dessen Auszug aus Mekka sie nicht hatten verhindern können. Der Gedanke, dass er seine Religion nun gänzlich ungestört verkünden und so immer mehr Anhänger gewinnen konnte, zehrte an ihren Nerven wie einst der Käfer an ihrer Boykott-Bekanntmachung.

Eines Tages saßen sie wieder einmal im Dār un-Nedwe zusammen, wo sie ihre wichtigen Entscheidungen zu treffen pflegten. Sie lieferten sich wütende Wortgefechte, bis Ebū Djehl schließlich das Wort an sich riss: „Wir haben Muhammed entwischen lassen. Außerdem steigt die Zahl seiner Anhänger von Tag zu Tag. Aber die Besitztümer von denen, die nach Medina gezogen sind, sind immer noch hier." „Was willst du uns damit sagen, Ebū Djehl? Drück dich verständlicher aus!", forderte jemand. Und Ebū Djehl fuhr fort: „Wir werden nicht nur Muhammed, sondern auch alle, die an ihn glauben, vernichten." „Und wie stellen wir das an?", fragte jemand anders. „Indem wir Krieg gegen sie führen. Sie wissen nicht, wie man kämpft. Wir verkaufen ihr Hab und Gut und stellen von dem Erlös ein Heer auf. Dann marschieren wir gegen sie und töten sie", antwortete Ebū Djehl.

Die Augen der Götzendiener begannen zu funkeln. Es stimmte. Die Bewohner von Medina betrieben größtenteils Landwirtschaft und verstanden nicht viel vom Kämpfen. Außerdem verfügten sie weder über ein Heer noch über Waffen, mit denen sie ihre Soldaten hätten ausrüsten können. Die Götzendiener dagegen würden sehr wohl dazu in der Lage sein, eine starke Armee ins Feld zu führen. Sie würden die in Mekka zurückgelassenen Besitztümer der Muslime nach Damaskus schaffen und sie dort verkaufen; und von dem Geld würden sie die besten Waffen kaufen.

Und so setzten sie ihr Vorhaben in die Tat um. Unter der Leitung von Ebū Sufyān reiste eine Karawane nach Damaskus und erlöste dort eine hohe Geldsumme. Doch der Prophet erfuhr davon und plante, die Karawane - mit Gottes Erlaubnis - auf dem Rückweg anzuhalten und sich das Geld, das ja eigentlich den Muslimen gehörte, von den Götzendienern zurückzuholen.

Daraufhin änderte Ebū Sufyān seine Route. Außerdem schickte er einen Boten aus, um seine Leute zu informieren. Dieser kam keuchend in Mekka an und berichtete der versammelten Menge aufgeregt: „Muhammed hat die Karawane gestoppt und ausgeraubt." Das war eine Lüge, denn der Prophet war der Karawane lediglich gefolgt. Doch diese Lüge führte dazu, dass die Ältesten von Mekka befahlen, eine Armee aufzustellen. Soldaten, Pferde, Kamele, Waffen und Geld - alles wurde eiligst vorbereitet.

Die Armee aus Mekka zählte 1.000 Kämpfer, die Muslime hingegen konnten nur 300 aufbieten. Außerdem besaßen sie nur wenige Pferde und kaum gute Waffen. Auf dem Weg nach Medina traf die Armee der Götzendiener unter

Führung von Ebū Djehl auf Ebū Sufyāns Karawane. Dieser sagte zu Ebū Djehl: „Wie ihr seht, haben wir keinen Schaden davongetragen. Ich habe unsere Karawane vor den Verfolgern retten können. Wir brauchen nicht mehr zu kämpfen. Lasst uns erst einmal nach Mekka zurückkehren."

Aber Ebū Djehl brüllte ihn an: „Was redest du da, Ebū Sufyān? Wir sind doch nicht den weiten Weg von Mekka hierhergekommen, um nun zurückzukehren, ohne Muhammed und seine Anhänger vernichtet zu haben." Ebū Sufyān beharrte auf seinem Standpunkt: „Ihr seid doch aufgebrochen, um die Karawane zu retten. Und wie ihr euch überzeugen könnt, ist die Karawane in Sicherheit. Es gibt keinen Grund, jetzt übereilt in den Kampf zu ziehen." „Doch! Solange wir Muhammed nicht aus dem Weg geräumt haben, gibt es sogar viele Gründe dafür", erregte sich Ebū Djehl.

Doch Ebū Sufyān hatte seine Entscheidung getroffen: „Nein. Meine Aufgabe ist es, die Karawane sicher nach Mekka zu bringen. Und das werde ich auch tun. Ich ziehe nicht mit euch in die Schlacht, sondern werde nach Mekka zurückkehren." Dann gab er der Karawane das Signal zum Aufbruch. Er stieg auf sein Pferd, und sah noch einmal zu Ebū Djehl und seiner Armee herüber. Da ahnte er bereits, dass sie in ihr Verderben ziehen würden.

Als der Prophet hörte, dass die Armee aus Mekka losgezogen war, hatte er zunächst beschlossen, sie mit seinen eigenen Kämpfern an den Quellen von Bedr zu erwarten. Dort angekommen, beriet er sich mit den Muslimen über eine mögliche Strategie. Hubēb, der die Gegend gut kannte, hatte eine Idee: „Gesandter Gottes. Das hier ist kein geeigneter Platz für ein Lager. Gehen wir lieber zu der Quelle, die unseren Feinden am nächsten ist, und bauen dort ein Becken, das wir mit Wasser füllen. Anschließend versiegeln wir alle anderen Quellen. Während der Kämpfe haben wir dann genug zu trinken, und unsere Feinde bleiben durstig." Dem Propheten und den anderen gefiel diese Idee, und sie schlugen ihr Lager dort auf, wo er ihnen geraten hatte.

In der nächsten Nacht betete der Prophet zu Gott: „O Herr, die Quraysch sind in voller Kampfesstärke angerückt. Sie verleumden Dich und nennen Deinen Gesandten einen Lügner. Ich vertraue auf die Hilfe, die Du mir versprochen hast. O Herr, füge ihnen morgen früh eine Niederlage zu."

Währenddessen fing es in Bedr an zu regnen, und dieser Regen erschien den Muslimen wie eine Gnade. So konnten sie entspannen, gut schlafen und alle Mühsal und Müdigkeit vergessen. Durch die Unterstützung Gottes waren sie am nächsten Tag frisch und ausgeruht. Derselbe Regen verwandelte das Lager der Götzendiener in einen schlammigen Morast, auf dem sie kaum Halt fanden. In aller Frühe, noch bevor die Götzendiener ihre Armee ordnen konnten, stellte der Prophet seine Kämpfer in Reih und Glied auf. Da fegte plötzlich ein Wind in nie dagewesener Stärke über sie hinweg. Mit dem ersten Windstoß erschien Gabriel, mit dem zweiten Michael und mit dem dritten ʿAzrāʾil an der Seite des Propheten, und in ihrem Gefolge 1.000 weitere Engel. Auf ihren Köpfen saßen grüne, gelbe und rote Turbane, deren lose Enden ihre Gewänder umspielten, und auf den Häuptern ihrer Rösser prangten weiße Ehrenzeichen.

Einige Mekkaner hatten sich nach Kräften bemüht, nicht mit ihren Verwandten auf der Seite der Götzendiener kämpfen zu müssen, doch Ebū Djehl und seine Leute hatten ihnen keine Wahl gelassen. Als sich eine Auseinandersetzung mit Waffengewalt offensichtlich nicht mehr vermeiden ließ, wandte sich der Prophet in Richtung der Kaabe und betete zwei Rekāt. Dann öffnete er die Hände zum Himmel und betete zu Gott: „O Herr, bitte erfülle nun Dein Versprechen. Herr, denn sollte diese kleine Schar von

Muslimen aufgerieben werden, würde es auf der Welt niemanden mehr geben, der Dich anbetet.“

Das Bittgebet des Propheten war von so großer Erhabenheit, dass Ebū Bekr, der bei ihm stand, anschließend überzeugt war: „O Gesandter Gottes. Dieses Gebet zu deinem Herrn wird uns genügen. Er wird Sein Versprechen gewiss halten.“ In dem Moment offenbarte Gott dem Propheten einen Vers mit folgendem Wortlaut:

> *Als ihr euren Herrn um Hilfe anflehtet und Er euch antwortete: „Ich werde euch mit tausend Engeln unterstützen, die Schar auf Schar hintereinander anrücken“* (*El-Enfāl*, 8:9).

Da wandte sich der Prophet an seinen treuen Freund und sagte zu ihm: „Frohe Botschaft, Ebū Bekr! Gottes Hilfe hat uns erreicht. Sieh nur, dort ist Gabriel. Bewaffnet und in voller Rüstung hält er die Zügel seines Pferdes in der Hand und wartet nur darauf anzugreifen.“

Pferdeschnaufen und Waffenklirren durchdrang das Tal von Bedr in einer Lautstärke, die die Feinde einzuschüchtern und den Propheten und seine Anhänger zu beflügeln schien. Die Nachricht von der Unterstützung Gottes verbreitete sich wie ein Lauffeuer unter den Gefährten und gab ihnen Anlass zu großer Freude.

Aber der Prophet hatte noch eine andere gute Nachricht für sie. Er zeigte ihnen nämlich einige Stellen, an denen bestimmte Götzendiener in der Schlacht den Tod finden würden.

Die Schlacht begann, und nach einem Kampf, der nicht mal einen Tage lang dauerte, besiegten die Muslime die Götzendiener. Die Quraysch waren mit großen Erwartungen nach Bedr gekommen. Doch nun blieb ihnen nichts anderes übrig, als schwer geschlagen den Rückzug anzutreten. Viele Anführer der Götzendiener waren gefallen, unter ihnen auch Ebū Djehl. 70 ihrer Kämpfer waren tot, leblos auf dem Schlachtfeld zurückgelassen, 70 weitere wurden gefangengenommen. Die Muslime wiederum hatten 14 Opfer zu beklagen. Und die Trauer darüber trübte ihren Sieg. Der Prophet selbst sprach das Totengebet für seine treuen Freunde, die mit ihm nach Bedr gezogen waren. So begleitete er sie auf ihrer letzten Reise.

Da dies die erste kriegerische Auseinandersetzung mit den Götzendienern aus Mekka war, hatte man vorher noch nie Gefangene gemacht und wusste nicht genau, wie man mit ihnen verfahren sollte. Gott hatte ihnen in dieser Angelegenheit keine Anweisungen gegeben. Also rief der Prophet die Muslime zusammen und fragte sie: „Was denkt ihr, was wir mit den Gefangenen tun sollen? Einige von euch werden Verwandte und Brüder unter ihnen haben, deren Schicksal von eurer Entscheidung abhängt.“

Die Mehrheit sprach sich dafür aus, die Gefangenen gegen ein angemessenes Lösegeld freizulassen. Diejenigen, für die kein Lösegeld gestellt würde, sollten jeweils zehn Muslimen das Lesen und Schreiben beibringen und sich ihre Freiheit auf diesem Wege verdienen. Und die übrigen sollten unter der Bedingung frei gelassen werden, von diesem Tage an weder ihr Wort noch ihre Hand gegen die Muslime zu erheben. Diese Milde gewann dem Islam in Mekka und Medina viele Herzen.

IM ANSCHLUSS AN DIE SCHLACHT VON BEDR

DER SIEG DER MUSLIME IN Bedr hatte den Götzendienern aus Mekka schwere Verluste zugefügt. Sie hassten die Gläubigen nun noch mehr und schworen Rache. Aber auch in Medina gab es manche, denen der Sieg der Muslime ungelegen kam: all jenen, die die Götzendiener in Mekka unterstützten, und einigen Juden, die um ihre Vorherrschaft in Medina bangten. Die Muslime dagegen fühlten sich durch den Sieg einander noch mehr verbunden als zuvor schon. In diesem Jahr fasteten sie auch zum ersten Mal im Monat Ramadan und bereiteten sich nun auf das Ramadanfest vor. Sie beteten das *Terāwīh*-Gebet, und es wurde ihnen auferlegt, eine Pflichtabgabe *(Zekat)* zu leisten. Des Weiteren würden sie ab sofort im Monat Dhu'l-Hiddsche ein Opfertier schlachten und das Festgebet verrichten. Sie genossen diese Tage der Ruhe und des

Triumphes und durften sich glücklich schätzen, ihr Festtagsgebet hinter dem Propheten zu verrichten.

Zur gleichen Zeit wurde die Ehe zwischen Alī, dem Cousin des Propheten und Sohn von Ebū Tālib, und Fātime, der Tochter des Propheten, geschlossen. Ein Jahr später kam ihr Sohn Hassan zur Welt. Seine Geburt machte den Propheten sehr glücklich.

EIN NEUER ANGRIFF DER GÖTZENDIENER AUS MEKKA

Drei Jahre waren seit der Auswanderung aus Mekka verstrichen, und die Quraysch hegten weiterhin Rachegedanken. Mit Hilfe der Stämme in der Umgebung stellten sie eine neue Armee auf und entsandten sie gegen die Muslime von Medina. Sein Onkel Abbēs informierte den Propheten in einem Brief darüber, dass 3.000 Kämpfer mit 3.000 Kamelen und 200 Pferden sowie 700 Schafen und Ziegen von Mekka aus aufgebrochen waren. Kommandant dieser neuen Armee war Ebū Sufyān. Die Reiter unterstanden dem Befehl von Khālid ibn Walīd, und seine rechte Hand war 'Ikrime, einer der Söhne von Ebū Djehl.

Die Mekkaner rückten bis Uhud, ganz in der Nähe von Medina, vor und waren fest entschlossen, die Stadt zu erstürmen und zu zerstören.

Währenddessen beriet sich der Prophet mit seinen Gefährten, wie man ihrer Attacke entgegentreten könnte. Vor allem jene Muslime, die erst nach der Schlacht von Bedr den Islam angenommen hatten, sprachen sich für eine Schlacht in offenem Gelände aus. Der Prophet hingegen sah keinen Grund, die Stadt zu verlassen. Er hatte in der Nacht geträumt, dass in der bevorstehenden Schlacht viele Gefährten ihr Leben lassen würden, was er ihnen auch berichtet hatte. Deshalb favorisierte er ein defensiveres Vorgehen. Andererseits war es Gottes Wille, dass er sich mit seinen Gefährten beriet; daher würde er ihre gemeinsame Entscheidung akzeptieren. Als die Mehrheit für eine Schlacht außerhalb von Medina votierte, fügte er sich und bereitete seine Armee entsprechend vor.

DIE SCHLACHT VON UHUD

Der Tag der Schlacht war gekommen. 3.000 Götzendienern standen 700 Muslime gegenüber. Nach dem Morgengebet wandte sich der Prophet noch einmal an seine Gefährten. Er schärfte ihnen ein, Gottes Gebote zu beachten, und empfahl ihnen, geduldig und besonnen zu sein. Er rief sie zu Einheit und Gemeinschaft auf und ermahnte sie, sich vor dem Feind in Acht zu nehmen. Danach ordnete er die Reihen seiner Männer und sagte zu ihnen: „Bevor ich nicht das Kommando gebe, soll niemand zum Angriff übergehen."

Als der Prophet die siegessichere mekkanische Armee mit Khālid ibn Walīd und seinen 200 Reitern und auf der rechten Flanke erblickte, wählte er 50 Bogenschützen aus und unterstellte sie dem Befehl von Abdullah ibn Djubeyr. Dann ermahnte er sie: „Haltet uns diese Reiter vom Leib. Sie dürfen uns auf keinen Fall in den Rücken fallen. Und bleibt, wo ihr seid! Selbst dann, wenn wir den Sieg davontragen sollten und ihr uns auf das Lager der Feinde vorrücken seht; aber auch dann, wenn die Geier über uns kreisen und uns das Fleisch von den Knochen reißen. Wenn ihr seht, wie wir getötet werden, versucht nicht, uns zu verteidigen oder uns zu Hilfe zu eilen, sondern schießt eure Pfeile auf sie ab. Denn Pferde können nicht weiterreiten, wenn sie beschossen werden. Geht jetzt, und rührt euch erst dann von dort weg, wenn ich euch dazu auffordere. Und vergesst nie: Solange ihr eure Stellungen haltet, werden wir die Sieger sein."

Bevor die Schlacht begann, sprach der Prophet noch ein letztes Gebet: „O Herr, nur mit Deiner Hilfe ziehe ich in diese Schlacht, nur mit Deiner Hilfe ziehe ich gegen den Feind. Allein zu Deinem Wohlgefallen trete ich ihnen entgegen. Nur bei Dir suche ich Hilfe, welch guter Helfer Du doch bist."

Es wurde erbittert gekämpft. Alī und Hamza, der Onkel des Propheten, durchpflügten die Reihen der feindlichen Armee, und auch die anderen Gefährten kämpften tapfer. Schon bald zeigten die Götzendiener Auflösungserscheinungen und zogen sich zurück, um ihr Leben zu retten. Dreimal nacheinander hatten die Reiter angegriffen, jedes Mal hatten die Bogenschützen sie zurückgetrieben. Wie der Prophet vorausgesagt hatte, scheuten die Pferde im Pfeilhagel. Als die Bogenschützen nun sahen, wie die Armee der Muslime die Götzendiener verfolgte, hatten sie keinerlei Zweifel mehr am Sieg und verließen ihre Stellungen. Doch das blieb den Reitern nicht verborgen. Sie schlugen zurück und umzingelten sie von hinten. Ohne den Feuerschutz durch die Bogenschützen waren die Muslime angreifbar geworden und wurden nun unverhofft von zwei Seiten in die Zange genommen. Als die fliehenden Götzendiener bemerkten, dass sich das Schicksal zu wenden schien, kehrten auch sie auf das Schlachtfeld zurück. Schlachtrufe wie: „Für Uzzē!" und „Für Hubel!" erschollen. Und urplötzlich fanden sich die Muslime in einer brenzligen Lage wieder. Durch einen zunächst harmlos erscheinenden Fehler drohte die Schlacht verloren zu gehen.

Die Götzendiener konzentrierten sich nun ganz auf den Propheten, ihm galten ihre wütendsten Angriffe. ʿUtbe ibn Ebī Waqqās schleuderte vier Steine auf ihn und traf ihn im Gesicht. Dabei verlor der Prophet einen Zahn und verletzte sich an der Lippe. Die Götzendiener nutzten die Gelegenheit und attackierten ihn von allen Seiten. Pfeile und weitere Steine prasselten auf ihn nieder. Ein Götzendiener namens Ibn Qami'e schrie ihm entgegen: „Ich bin Ibn Qami'e und werde dich töten!“, was der Prophet mit den Worten: „Möge Gott sich Deiner annehmen!“ beantwortete. Im Nu sah sich der Prophet unzähligen Angreifern gegenüber und fragte sich laut: „Wer wird mir gegen diese Überzahl beistehen?“ „Ich, o Gesandter Gottes“, vernahm er daraufhin eine Stimme. Sie gehörte Nesībe bintu Kaab.

Diese mutige Frau war aufs Pferd gestiegen und nach Uhud geritten, um den Propheten in der Schlacht zu beschützen. Als Ibn Qami'e dem Propheten immer näher kam, stürzten sich Nesībe und Mus'ab ibn 'Umeyr mit vereinten Kräften auf ihn und versuchten, ihn mit Schwerthieben außer Gefecht zu setzen. Doch Ibn Qami'e trug an diesem Tag zwei Rüstungen übereinander, sodass ihm ihre Schläge nichts anhaben konnten.

In der einen Hand das Banner des Propheten, in der anderen sein Schwert, kämpfte Mus'ab ibn 'Umeyr wie ein Löwe. Ibn Qami'e hatte geschworen, den Propheten umzubringen, doch im Schlachtgetümmel verwechselte er ihn mit Mus'ab. Er stellte sich vor ihn, und sie kämpften miteinander. Mus'ab unterlag und wurde tödlich getroffen. Doch das Banner der Muslime fiel nicht zu Boden, weil ein Engel in Gestalt von Mus'ab es an sich nahm.

Ibn Qami'e glaubte, den Propheten getötet zu haben, und schrie den Quraysch triumphierend zu: „Ich habe Muhammed getötet!" Dieser Satz schallte durch das ganze Tal von Uhud. Er lähmte die Muslime. Manche, die ihn vernahmen, ließen ihre Schwerter fallen oder begannen zu wehklagen. Erst Ka'b ibn Mēlik stellte klar, dass der Prophet noch am Leben war. Er rief allen, denen er begegnete, zu: „Ich habe den Propheten mit eigenen Augen gesehen. Er blutet unter seinem Helm, aber er lebt." Diese Worte setzten bei den Muslimen neue Kräfte frei.

Der Helm des Propheten war zerbrochen, und zum Entsetzen seiner Gefährten hatten sich zwei Eisenspitzen in seine Wangen gebohrt. Von seinem Gesicht tropfte Blut auf den Boden. Und trotzdem nahm er sich kurz Zeit, seine Hände zum Himmel zu öffnen und für diejenigen zu beten, die ihn verletzt hatten: „O Gott, vergib meinem Volk und führe es zur Wahrheit, denn sie sind unwissend!" Seine Barmherzigkeit schloss auch seine Peiniger mit ein; und das, obwohl ihn an diesem Tag noch ein weiterer Schicksalsschlag ereilen sollte. Denn sein Onkel Hamza, der den Ehrentitel *Löwe Gottes* trug, wurde von einem Sklaven namens Wahschī getötet und hauchte als *Fürst der Märtyrer* seine Seele aus.

Die Gefährten versuchten einerseits, den Propheten zu schützen, und andererseits, den nahegelegenen Berg zu erreichen, um sich dort zu sammeln. Das war unumgänglich, wenn sie die Situation zu ihren Gunsten wenden wollten. Da ließ Gott einen Segen über ihnen niedergehen, der sie ihre Wunden und ihre Mühsal vergessen ließ. Und der Engel hielt ihr Banner, das er nach dem Tod von Mus‘ab ibn ‘Umeyr an sich genommen hatte, weiterhin hoch.

Beide Seiten hatten schwere Verluste hinnehmen müssen, und Ebū Sufyān sträubte sich, die Muslime ein weiteres Mal anzugreifen. Die wieder zu erstarken scheinende muslimische Armee machte ihm Angst. Um den mühsam errungenen Sieg nicht zu gefährden, zog er sich mit seinem Heer zunächst zurück. Weil der Prophet ihnen nicht traute, rief er einige seiner Gefährten zu sich, und gab ihnen den Auftrag, sich zu den Götzendienern zu schleichen und sie genau zu beobachten: „Wenn sie auf ihren Kamelen davonreiten, führen sie nichts Böses mehr im Schilde (weil die Kamele in erster Linie für friedliches Reisen auf langen Strecken benutzt werden). Wenn sie aber auf ihre Pferde steigen, haben sie es auf Medina abgesehen (weil die Pferde sich bestens für kurze Strecken und plötzliche Angriffe eignen). Das wäre verheerend. Solltet ihr das sehen, werden wir uns ihnen gemeinsam in den Weg stellen müssen."

Also schlichen sich die Gefährten zum Feldlager der Götzendiener und kamen ihnen so nahe, dass sie ihre Unterhaltungen mit anhören konnten. Einige von Ebū Sufyāns Leuten wollten die Gunst der Stunde nutzen und Medina zerstören. Andere, wie Safwān ibn Umeyye, sagten: „Denkt nicht einmal daran! Seht ihr denn nicht, wie sich die Muslime trotz aller Verluste wieder sammeln? Wir werden sie alle töten müssen, wenn wir an Muhammed herankommen wollen. Lasst uns so schnell wie möglich das Weite suchen, bevor wir unseren schwer erkämpften Sieg wieder aus der Hand geben."

Am Ende ritten sie auf ihren Kamelen davon. Die Furchtlosigkeit und die Siegesgewissheit der Muslime hatten ihnen den Mut genommen. Nun endlich konnten die Muslime das Schlachtfeld abschreiten und ihre Toten und Verletzten bergen. Die Verletzten brachten sie nach Medina, die Toten beerdigten sie in Uhud.

Der Prophet ehrte die Gefallenen, die auf Gottes Weg ihr Leben gelassen hatten, mit den Worten: „Ich, der Prophet Gottes, schwöre hiermit, dass ihr am Tag des Jüngsten Gerichts Märtyrer sein werdet." Danach wandte er sich an die Überlebenden: „Ihr Menschen, hört mich an. Kommt auch künftig hierher, und besucht unsere Toten. Grüßt sie. Ich schwöre bei Gott, dass sie am Tag des Jüngsten Gerichts den Gruß eines jeden Muslims erwidern werden."

Dann kehrten die Muslime nach Hause zurück und versorgten ihre Wunden. Am Abend rief Bilāl die Gläubigen zum Abendgebet, das sie, ebenso wie später das Nachtgebet, gemeinsam in der Moschee des Propheten verrichteten. Nach dem Nachtgebet suchten die Gläubigen wieder ihre Häuser auf, um sich am darauffolgenden Tage, einem Sonntag, zum Morgengebet erneut in der Moschee zu versammeln.

Der Prophet war noch immer skeptisch, ob die Götzendiener nicht doch ein zweites Mal angreifen würden. Denn sie hatten keinerlei Kriegsbeute gemacht, und so war die Wahrscheinlichkeit hoch, dass sie es sich überlegen und ihre Meinung ändern würden. Er wusste genau, dass er ihnen nicht die Chance geben durfte, kehrtzumachen und Medina zu überfallen. Außerdem musste er demonstrieren, dass die Macht nach der Schlacht von Uhud nunmehr bei Medina lag. Seine Vermutung sollte sich als wahr erweisen. Tatsächlich kamen den Quraysch unterwegs genau diese Gedanken, und sie fragten sich, ob es nicht besser sei, die Gefahr, die von den Muslimen ausging, ein für allemal aus der

Welt zu schaffen. Sie hatten zwar gekämpft, aber nichts in der Hand, was ihren Sieg hätte bestätigen können.

Einige unter ihnen erhoben Einwände und bestanden darauf, nach Mekka zurückzukehren. Safwān ibn Umeyye etwa warnte: „Meine Brüder, lasst euch nicht dazu hinreißen. Sie werden nun noch wütender auf uns sein als in Uhud. Außerdem besteht die Gefahr, dass sich ihnen nun auch andere anschließen werden, die nicht mit ihnen in Uhud gekämpft haben. Dann wird uns ihr Widerstand noch härter treffen als beim letzten Mal." Doch die Mehrheit entschied sich für einen Überfall auf Medina.

Als die Nachricht von ihrer Umkehr den Propheten erreichte, beriet er sich zuerst mit Ebū Bekr und Umar. Dann beschlossen sie, dass man sich ihnen entgegenstellen würde. Also zog der Prophet seine Armee erneut zusammen und erteilte den Marschbefehl. Die Götzendiener hatten geglaubt, sie entscheidend geschwächt zu haben. Doch als sie nun erfuhren, dass die Muslime zum Gegenangriff ausholten, gerieten sie in Panik und nahmen endgültig Reißaus. Als sie auf ihrem Rückweg nach Mekka auf eine Karawane trafen, die in Richtung Medina unterwegs war, gaben sie ihr eine Botschaft für den Propheten mit folgender Drohung mit: „Wir werden uns neu formieren, und dann werden wir dich und deine Leute vernichten." Als der Propheten das las, antwortete er nur: „Gottes Hilfe genügt uns, welch guter Helfer Er doch ist."

Am Ende waren also die Muslime die Sieger der Schlacht von Uhud.

DAS ATTENTAT

Den Götzendienern war nun klarer denn je, dass sie den Propheten selbst würden töten müssen, wenn sie ihre Macht behalten wollten. Deshalb fragte Ebū Sufyān eines Tages ein paar Jugendliche, die sich um ihn geschart hatten: „Gibt es denn niemanden unter euch, der sich zutraut, Muhammed zu beseitigen? Schaut euch doch nur an, wie frei er sich bewegt, während wir hier leiden."

Niemand meldete sich. Doch als Ebū Sufyān wieder zuhause war, klopfte es plötzlich an seiner Tür. Er öffnete und sah einen Beduinenjungen vor sich stehen. „Wenn du mir versprichst, mich großzügig zu entlohnen, werde ich ihn umbringen. Ich kenne mich aus in diesen Dingen", sagte der Junge zu ihm. Endlich hatte Ebū Sufyān den Mann gefunden, den er suchte. Er versprach ihm so viel Geld, wie er haben wollte, und schnell einigten sie sich. Der Junge sollte niemandem von ihrem Gespräch erzählen.

Noch in derselben Nacht ritt der Junge los und machte sich mit seinem Kamel auf den Weg nach Medina, wo er sechs Tage später eintraf. Dort fragte er nach dem Propheten und fand ihn in der Moschee. Allerdings war der Prophet auf das Kommen des Jungen vorbereitet und hatte auch seine Gefährten darüber unterrichtet. Er hatte sie beruhigt und ihnen versichert, dass Gott nicht zulassen werde, dass ihm etwas zustößt.

Der Junge fragte ihn: „Wer ist der Sohn (Nachkomme) von Abdulmuttalib?" Der Prophet erwiderte: „Ich bin der Sohn von Abdulmuttalib." Daraufhin trat der Jugendliche auf ihn zu und tat so, als ob er ihm etwas zuflüstern wollte. Aber Useyd ibn Khudeyr zischte ihm zu: „Bleib, wo du bist!", und zog ihn am Gewand zurück. Diese Bewegung entblößte den Dolch, den der Junge an der Hüfte trug. Der Junge geriet in Panik, weil er seine bösen Absichten nicht länger verbergen konnte, und wurde nun von allen Seiten bedrängt. Da flehte er den Propheten, den er einen Augenblick zuvor noch hatte töten wollen, um Gnade an. Der Prophet fragte ihn: „Wer bist du, und wieso bist du hier? Wenn du die Wahrheit sagst, wird dir das nützen. Wenn du aber lügst, werde ich deine Lügen entlarven, da sei dir gewiss."

„Kann ich dir denn vertrauen?", fragte der

Jugendliche eingeschüchtert zurück. „Ja, du kannst uns vertrauen, und du bist hier sicher", antwortete ihm der Prophet. Daraufhin verriet ihnen der Junge, was ihn von Mekka nach Medina geführt hatte. In der Nacht bewachte ihn Useyd ibn Khudeyr in seinem Haus, und am nächsten Tag rief ihn der Prophet zu sich und sagte zu ihm: „Du kannst gehen, wohin du möchtest, oder ich biete dir etwas Besseres an." „Was denn?", fragte der Junge. „Das Bekenntnis, dass es keinen Gott gibt außer Allāh und dass ich Sein Gesandter bin", antwortete der Prophet. Dass der Prophet ihn wirklich verschonen wollte, beeindruckte den Jungen sehr. Mit ruhiger Stimme sagte er: „Ich bezeuge, dass es keinen Gott gibt außer Allāh und dass du Sein Gesandter bist." Dann fügte er hinzu: „Muhammed, du bist wahrlich ein barmherziger Mensch. Als ich dich gestern da vor mir sah, verlor ich die Fassung und wusste nicht, wie mir geschieht. Du hast meine bösen Absichten sofort erraten, obwohl du sie nicht kennen konntest. Ich sehe, dass du vor dem Bösen beschützt wirst. Du vertrittst das Richtige und das Gute, während all diejenigen, die Ebū Sufyān folgen, Soldaten des Teufels sind." Der Prophet lächelte. Wieder einmal hatte jemand, der ihn eigentlich töten wollte, sein Glück gefunden.

WEITERE EINLADUNGEN

Mit der Schlacht von Uhud im vierten Jahr nach der Hidschra festigten die Muslime in Medina ihre Stellung. Gleichzeitig wurden aber auch ihre Feinde immer aggressiver und hielten nach Gelegenheiten Ausschau, ihnen zu schaden. Der Prophet musste auf der einen Seite die nötigen Sicherheitsvorkehrungen treffen, und auf der anderen Seite verstärkte er seine Bemühungen noch, die Menschen zum Islam und zum Glauben einzuladen. Mit *Teblīgh* und *Irschād,* Übermittlung und Rechtleitung, erreichte er immer neue Zuhörer. Darüber hinaus lernten einige der Gefährten neue Sprachen und wurden als Abgesandte und Lehrer in andere Regionen der Arabischen Halbinsel geschickt.

Im selben Jahr wurde Alī und Fātime ein zweiter Sohn geboren, Huseyn. Der Prophet liebte seine beiden Enkel Hassan und Huseyn heiß und innig und betonte mehrmals: „Diese beiden sind wie der Duft einer (Rayhan-)Pflanze aus dem Paradies, den ich schon in dieser Welt rieche."

EINE HEIMTÜCKISCHE OFFERTE

IM FÜNFTEN JAHR DER HIDSCHra rüsteten die Feinde zu einem weiteren Angriff. Diesmal würden sie eine noch größere Armee gegen die Muslime führen und ihnen eine vernichtende Niederlage beibringen. Ihr Plan war es, Medina dem Erdboden gleichzumachen und ausnahmslos alle Muslime zu töten. Die in Medina ansässigen Juden hatten die Quraysch aufgestachelt. Sie hatten in Mekka vorgesprochen und ihnen ein Angebot unterbreitet: „Wir stehen auf eurer Seite. Lasst uns gemeinsam gegen Muhammed kämpfen und ihn töten."

Diese heimtückische Offerte war bei den Quraysch auf fruchtbaren Boden gefallen. Dementsprechend lautete Ebū Sufyāns Antwort: „Uns stehen diejenigen am nächsten, die Muhammed mit uns zusammen bekämpfen." Beide sahen in ihrer Kooperation eine große Chance. Bevor sie sich voneinander verabschiedeten, verständigten sie sich daher auf ein gemeinsames Vorgehen. Doch den Juden von Medina reichte die Abmachung mit den Quraysch nicht aus. Nacheinander besuchten sie alle arabischen Stämme und unterbreiteten ihnen dasselbe Angebot. Am Ende hatten sie fast alle auf ihre Seite gezogen.

Und dann war es soweit. Unter dem Oberbefehl von Ebū Sufyān setzte sich eine 4.000 Mann starke Armee mit 300 Pferden und 1.500 Kamelen von Mekka aus Richtung Medina in Marsch. Die anderen Stämme schlossen sich ihnen unterwegs an, sodass letztlich mehr als 10.000 Kämpfer mit ihnen marschierten.

DIE VERTEIDIGUNG DER STADT

DER PROPHET WUSSTE, was auf sie zukommen würde, und beratschlagte sich mit seinen Gefährten. Sie selbst wollten keinen Krieg, aber die Götzendiener waren bereits aufgebrochen und standen unter Waffen. Wie also ließ sich das drohende Unheil noch abwenden? Der Prophet befragte jeden einzelnen von ihnen. Sollten sie dem Feind in den Straßen von Medina entgegentreten? Oder war eine offene Feldschlacht außerhalb der Stadt vielversprechender?

Viele Vorschläge waren zu riskant. Dann aber hatte Selmān el-Fārisī folgende Idee: „In Persien haben wir immer Gräben ausgehoben, um uns vor den Angriffen der Reiter zu schützen." Diese Idee fand Beifall. Sie würden einen großen Graben um Medina ausheben. Aber es musste schnell gehen. Sie mussten unbedingt vor Eintreffen des Feindes fertig werden.

Zunächst legten sie den Verlauf des Grabens fest. Die feindliche Armee konnte nur von Norden aus anrücken, alle anderen Wege waren für sie nicht passierbar. Also würden sie an der Nordseite anfangen zu graben und sich dann in Richtung Westen und Osten weiter vorarbeiten. Die Arbeit wurde unter den Gefährten aufgeteilt. Sie begannen mit dem Morgengebet und gruben bis zum Abendgebet. Nur in der Nacht kehrten sie kurz in ihre Häuser zurück, um sich auszuruhen. Ihr gemeinsames Ziel ließ sie alle Müdigkeit vergessen.

Auch der Prophet beteiligte sich mit großem Engagement an den Arbeiten. Er trug die geschaufelte Erde weg oder nahm auch selbst die Schaufel zur Hand. Einmal war er so erschöpft, dass er sich kurz in einen stillen Winkel zurückzog, um zu verschnaufen. Dort nickte er, den Kopf gegen einen Felsen gelehnt, ein. Als Ebū Bekr und Umar ihn schlafen sahen, eilten sie herbei und sorgten dafür, dass er von niemandem gestört wurde und neue Kraft schöpfen konnte. Aber sein Schlaf war nicht von langer Dauer. Wenig später sprang er auf und fragte: „Warum habt ihr mich nicht geweckt?“ Sofort griff er sich wieder eine Schaufel und grub weiter. Währenddessen betete er für seine Gefährten und bat Gott um Seinen Beistand.

Nach sechs Tagen mühseliger Arbeit war der Graben fertig ausgehoben. Die feindliche Armee hatte nun ein Hindernis zu überwinden, das ihnen Schwierigkeiten bereiten würde, und Medina lag nicht länger völlig ungeschützt da.

VERWIRRUNG AM GRABEN

Das muslimische Heer bestand aus 3.000 Kämpfern, die sich auf der der Stadt zugewandten Seite des Grabens verschanzten und auf die feindliche Armee warteten. Dann tauchte sie am Horizont auf. 10.000 Mann, die zielstrebig auf Medina zu marschierten, plötzlich aber verblüfft innehielten, als sie den ausgehobenen Graben sahen. Eine solche Verteidigungstaktik war ihnen nicht bekannt. Zuerst dachten sie, der Graben wäre nur schmal, und erkundeten die rechte und linke Flanke. Dann jedoch mussten sie feststellen, dass sich vor allen Wegen, die nach Medina hinein führten, ein Abgrund auftat. Das unverhoffte Hindernis bremste sie in ihrem Elan und verhinderte, dass sie geradewegs in die Stadt einfallen konnten.

So bezogen sie erst einmal vor dem Graben, den Muslimen gegenüber Stellung und beschlossen abzuwarten. Die Tage vergingen. Vereinzelt schossen die Angreifer Pfeile ab und warfen Speere und Steine, ohne dabei aber weiter vorzurücken. Schließlich unternahmen sie einen ersten ernsthaften Versuch, den Graben an seiner schwächsten Stelle zu überwinden. Einigen von ihnen gelang es auch, auf die andere Seite zu kommen. Doch anstatt den Muslimen schwere Verluste zuzufügen, wie sie es vorgehabt hatten, wurden sie selbst von ihnen umzingelt. Als einer von ihnen starb, flüchteten die anderen. Danach einigten sich die Götzendiener darauf, mit der ganzen Armee anzugreifen. Aber erneut wurden sie zurückgeschlagen, ohne Boden gutmachen zu können.

GÖTTLICHER BEISTAND

Als die Belagerung um den Grabenring anhielt und der Prophet gerade zu seinen Gefährten sprach, erschien plötzlich der Engel Gabriel neben ihm und verkündete dreimal hintereinander: „Gebt acht, und erfreut euch an der frohen Kunde von Gott!“

Unmittelbar darauf ging ein schweres Unwetter über den Götzendienern nieder. Ihre Zelte flogen durch die Luft, und es herrschte großes Durcheinander. Zudem wurde es extrem dunkel. Schon vorher hatten die Mekkaner mit der Kälte zu kämpfen gehabt, nun aber waren sie in kürzester Zeit völlig durchgefroren. Unwillig versuchten sie, die Stricke der Zelte wieder zusammenzubinden und die Stangen wieder in den Boden zu schlagen. Doch alle Versuche misslangen, weil die starken Böen sie sofort wieder herausrissen. Außerdem wirbelte das von Gott geschickte Unwetter reichlich Sand und

Staub durch die Luft, der den Götzendienern schwer zu schaffen machte. Am Ende blieb ihnen deshalb erneut keine andere Wahl, als den Rückzug anzutreten. Am nächsten Morgen war keiner von ihnen mehr zu sehen.

Da sagte der Prophet zu seinen Gefährten: „Von diesem Augenblick an werden wir es sein, die gegen sie marschieren; sie werden uns nicht länger angreifen können.“ Danach kehrten sie in die Stadt zurück. Die Auseinandersetzung, die sich über fast einen Monat hingezogen hatte, wurde später *Ghazwet el-Khandaq* genannt.

DER TRAUM VON DER UMRA

SECHS JAHRE WAR ES HER, DASS der Prophet und seine Gefährten zum letzten Mal die Kaabe umschritten hatten, und sie vermissten sie sehr. Doch nun hatte der Prophet einen Traum, den er mit den anderen Muslimen teilte. Darin war er zum Hause Gottes gepilgert und hatte die Umra (die kleine Pilgerfahrt außerhalb der Haddsch-Zeit) vollzogen. Dann waren ihm die Schlüssel der Kaabe übergeben worden. Als er den Muslimen davon erzählte, weckte er in Medina große Vorfreude. Der Gedanke, nach so vielen Jahren endlich wieder die Kaabe zu besuchen, zog sie an.

Schnell wurden die nötigen Vorbereitungen getroffen. Da sie nicht in den Krieg zu ziehen beabsichtigten, beschlossen sie, ihre Waffen zuhause zu lassen, abgesehen von kleineren Schwertern und Dolchen zum Schutz vor wilden Tieren. Dafür nahmen sie einige Schafe und

Kamele als Opfertiere mit. An einem Montag brachen sie auf. Als sie in Dhu'l-Huleyfe eintrafen, legten sie ihr Pilgergewand, das *Ihrām,* an, und im weiteren Verlauf ihrer Reise nach Mekka sprachen sie unentwegt die *Telbīye,* die wie folgt lautet:

Lebbeyk Allāhumme lebbeyk!
Lebbeyke lē scherīke leke lebbeyk!
Inne l-hamde we n-ni'mete leke we l-mulk.
Lē scherīke lek!

(Ich bin hier, Dir zu Diensten, o Gott. Ich bin hier, Dir zu Diensten.

Ich bin hier, Dir zu Diensten, Du hast keinen Teilhaber. Ich bin hier, Dir zu Diensten.

Lob und Segen sind Dein, und Dein ist die Herrschaft. Du hast keinen Teilhaber.)

Als die Mekkaner hörten, dass der Prophet und seine Anhänger vorhatten, zur Umra nach Mekka zu kommen, befiel sie Angst und Schrecken. Auch wenn die Muslime friedliche Absichten hegten - in ihre Stadt lassen würden sie sie nicht.

Der Ort Hudeybiye liegt einige Kilometer außerhalb von Mekka. Hier ließ der Prophet an einem Brunnen, der einzigen Wasserquelle weit und breit, rasten. Es war sehr heiß, und alle hatten großen Durst. Zudem war es Zeit für das Nachmittagsgebet. Also vollzog der Prophet mit dem Wasser aus dem Brunnen die Gebetswaschung. Die Gefährten standen dabei und schauten ihm zu. „Was ist los?“, fragte er sie. „Wir haben nicht genug Wasser, um zu trinken, geschweige denn, uns zu waschen. Außer diesem hier ist nichts mehr übrig“, entgegneten sie.

Da verlangte der Prophet von ihnen, das Wasser aus seiner Kanne in eine Schale umzufüllen. Dann tauchte er seine Finger hinein und sprach ein Bittgebet. Anschließend forderte er sie auf: „Nun holt euch Wasser!“ Gott hatte ihm erneut ermöglicht, ein Wunder zu wirken. Aus seinen Fingern floss Wasser. Seine Mitreisenden kamen mit ihren Wasserbeuteln zu ihm gelaufen. Und er versorgte sie, sodass alle sich waschen und ihre Tiere tränken konnten. Dann öffnete er seine Hände und dankte Gott mit dem Bekenntnis: „Ich bezeuge, dass es keinen Gott gibt außer Allāh und dass ich Sein Gesandter bin.“

Die Quraysch beharrten auf ihrer Entscheidung, die Muslime nicht nach Mekka hinein zu lassen. Einen ersten Boten, den der Prophet ihnen geschickt hatte, hatten sie nicht eben freundlich aufgenommen. Daher entsandte er nun Osman als Unterhändler und instruierte ihn: „Sag ihnen, dass wir nicht hier sind, um zu kämpfen, sondern um die Pilgerfahrt zu vollziehen. Und lade sie zum Islam ein."

Außerdem sollte Osman die in Mekka verbliebenen Muslime besuchen, die nicht mit ihnen nach Medina ausgewandert waren oder erst nach der Hidschra zum Islam gefunden hatten. Er sollte ihnen die frohe Kunde bringen, dass es nicht mehr lange dauern würde, bis auch die anderen Muslime in die Stadt zurückkehren würden. Dann würden sie auch in Mekka ihren Glauben frei leben können und müssten sich nicht länger verstecken.

Als Osman in Mekka eintraf, suchte er als Erstes die Stadtältesten auf. Jedem Einzelnen überbrachte er die Nachricht des Propheten. Aber sie weigerten sich, seinem Wunsch nachzugeben. Osman selbst luden sie zur Kaabe ein, aber er lehnte ab und beschied ihnen: „Wenn der Prophet nicht zur Kaabe pilgert, werde ich das auch nicht tun." Im Anschluss stattete er den Musliminnen und Muslimen von Mekka einen Besuch ab. Und sie freuten sich sehr über die Prophezeiung des Propheten. Als er sie später wieder verließ, verabschiedeten sie ihn unter Tränen mit den Worten: „Richte dem Propheten unseren Gruß aus!"

DER VERTRAG VON HUDEYBIYE

OBGLEICH BEIDE SEITEN NICHT auf Krieg aus waren, schien eine Auseinandersetzung unvermeidlich, wenn man sich nicht bald irgendwie einigen würde. Die Quraysch berieten sich und beschlossen, ihrerseits ebenfalls Unterhändler zu Muhammed sallallāhu 'aleyhi we sellem zu schicken: Suheyl ibn 'Amr, Huweytib ibn Abdul-Uzzē und Mikrez ibn Hafs. Sie verständigten sich darauf, Zugeständnisse einzuräumen, jedoch nicht ohne Hintergedanken: „Wenn Muhammed darauf verzichtet, in diesem Jahr die Pilgerfahrt zu vollziehen, werden wir ein Friedensabkommen mit ihm schließen. Dann werden die Araber, die von seiner Ankunft gehört haben, auch hören, dass wir ihm den Zutritt zur Kaabe verwehren konnten. Wir werden ihnen gestatten, nächstes Jahr für drei Tage hierher zu kommen und ihre Opfertiere zu schlachten. Aber dann werden sie nicht - wie es jetzt der Fall wäre - hier eindringen, wie es ihnen beliebt, sondern lediglich einer Abmachung folgen."

Deshalb beauftragten sie Suheyl: „Geh zu Muhammed, und schließ einen Vertrag mit ihm, der die Klausel enthält, dass sie dieses Jahr nicht nach Mekka kommen. Wir dürfen auf keinen Fall zulassen, dass sich die Leute erzählen, Muhammed besitze genug Macht, gegen unseren Willen unsere Stadt zu betreten."

Nach langen Verhandlungen einigte man sich und hielt die einzelnen Punkte des Abkommens schriftlich fest. Dieser Vertrag, der nach dem Ort benannt wurde, an dem er geschlossen wurde - Vertrag von Hudeybiye -, sah vor, dass beide Seiten 10 Jahre lang nicht gegeneinander Krieg führen und somit voreinander geschützt sein würden. Die Muslime verpflichteten sich, unmittelbar nach Unterzeichnung des Vertrages nach Medina zurückzukehren, hätten aber im nächsten Jahr drei Tage lang das Recht, die Kaabe zu besuchen. Weiterhin verpflichteten sie sich, den Quraysch all diejenigen, die ohne Erlaubnis ihres Vormundes zum Propheten geflüchtet waren und bei ihm Schutz suchten, auszuliefern; selbst dann, wenn sie inzwischen Muslime geworden waren. Gleichzeitig waren die Quraysch aber nicht dazu verpflichtet, diejenigen auszuliefern, die zu ihnen übergelaufen waren und bei ihnen

Schutz suchten. Beide Seiten würden die andere Seite nicht mehr brüskieren und Raubzüge oder Ähnliches unterlassen. Und beide Seiten gestanden anderen Stämmen das Recht zu, frei zu wählen, mit wem sie ein Bündnis eingehen wollten.

Dieser Vertrag von Hudeybiye sollte einen neuen Zeitabschnitt einläuten. Eine friedvolle Atmosphäre würde es den Muslimen gestatten, noch mehr Menschen zum Islam einzuladen. Doch in diesen Dimensionen dachten die Gefährten in dem Moment nicht. Sie zeigten sich alles andere als zufrieden. Denn gekommen waren sie in der Absicht und festen Überzeugung, zur Kaabe zu pilgern. Und nun mussten sie unverrichteter Dinge nach Hause zurückkehren. Ihre Enttäuschung war groß.

Der Prophet opferte ein Tier, schnitt sich die Haare und legte sein Pilgergewand ab. Seine Gefährten taten es ihm gleich. Und es hatte für sie den Anschein, als würde der Wind ihre abgeschnittenen Haare nach Mekka tragen. Nach 20 Tagen in Hudeybiye traten die Muslime den Heimweg an. Unterwegs kamen sie immer wieder auf den Vertrag zu sprechen. Einige von ihnen betrachteten ihn mit etwas Abstand ebenfalls als Erfolg, andere schwiegen. Nach einer Weile offenbarte Gabriel dem Propheten die

Verse der Sure *El-Feth,* und der Prophet versicherte seinen Gefährten, dass sie in Hudeybiye einen großen Sieg errungen hatten. Dass seine Überzeugung durch diese Offenbarung gestützt wurde, beruhigte die Muslime.

DIE BOTSCHAFTER DES ISLAMS

Mit dem Abkommen von Hudeybiye begann für die Muslime ein neuer Abschnitt. In Friedenszeiten würde es ihnen leichter fallen, Gottes Religion so zu leben und zu verkörpern wie geboten. In Kriegszeiten war das bedeutend schwieriger. In einer Atmosphäre der Sicherheit, die der Vertrag schuf, würde die Schönheit des Islam noch klarer hervortreten. Die Botschaft des letzten Gesandten war nicht auf eine bestimmte Region oder eine bestimmte Gemeinschaft begrenzt, sondern richtete sich an die ganze Menschheit.

Man schrieb den Monat Muharram im siebten Jahr nach der Hidschra, als der Prophet die Gefährten zusammenrief und zu ihnen sagte: „Gott hat mich als Barmherzigkeit für alle Menschen gesandt. Helft mir dabei, den Islam richtig zu präsentieren. Lehnt euch nicht gegen mich auf, wie es einige gegen Jesus, den Sohn der Maria, getan haben."

Seine Gefährten fragten ihn: „Gesandter Gottes, wie haben sie sich denn gegen Jesus aufgelehnt?" Der Prophet fuhr fort: „Genau wie ich euch heute dazu aufrufe, den Islam bekanntzumachen, hat auch er damals seine Jünger zusammengerufen. Diejenigen, die er zu nahegelegenen Orten schickte, gingen aus freiem Willen. Diejenigen, die er in fernere Regionen schicken wollte, weigerten sich hingegen und blieben in ihrer Heimat. Daraufhin sprach Jesus mit Gott und beschwerte sich. Da lernten alle, die in die ferneren Regionen gehen sollten, über Nacht die Sprache der dort ansässigen Völker und kamen am nächsten Morgen wieder zu Jesus. Erneut forderte er sie auf: ‚Dies ist eine Aufgabe, für die Gott euch auserwählt hat. Nun zieht an die Orte, die Er euch bestimmt hat.' Und nun bereuten sie, dass sie sich am Tag zuvor geweigert hatten, und zogen los."

Die Gefährten verstanden, worauf der Prophet hinaus wollte, und versicherten ihm alle wie mit einer Stimme: „Gesandter Gottes. Wir werden dir bei diesem Unterfangen behilflich sein. Schick uns, wohin du willst. Wir sind bereit."

Den Propheten freute sich sehr über ihr Versprechen. Nach dem Mittagsgebet wählte er sechs Gesandte aus, die er für den Islam in die Fremde schicken wollte: ʿAmr ibn Umeyye ed-Damrī zu Nedjāschī, dem Herrscher von Äthiopien; Dihye ibn Khalīfe el-Kelbī zum römischen Kaiser Herakleios; Abdullah ibn Hudhāfe es-Sehmī zu Perwīz, dem Chosrau von Persien; Hātib ibn Ebī Beltaa zu Mokaukis, dem ägyptischen Herrscher; Suddjāa ibn Wehb el- Esedī zu Hārith, dem König von Ghassān; und Salīt ibn ʿAmr zum König von Jemēme, Hewdhe ibn Alīyy il-Hanefī. Jeder von ihnen beherrschte die Sprache des Landes, in das er geschickt wurde.

Nachdem seine Abgesandten ausgewählt waren, diktierte der Prophet ihnen Briefe, die er ihnen für die jeweiligen Herrscher mitgeben wollte. Dann ließ er ein Siegel anfertigen, weil er wusste, dass sie einen Brief ohne Siegel gar nicht erst lesen würden. Dieses Siegel zeigte einen eingravierten silbernen Ring mit drei Wörtern darauf: Allāh, Resūl, Muhammed.

Der Prophet versiegelte alle sechs Briefe, übergab sie seinen Abgesandten, und diese machten sich noch am selben Tag auf den Weg. Die Abgesandten erfüllten ihren Auftrag, und einige dieser einflussreichsten Herrscher jener Zeit nahmen die Einladung zum Islam an. Andere lehnten sie ab, obwohl sie wussten, dass es sich bei Muhammed sallallâhu 'aleyhi we sellem um den letzten, lange erwarteten Propheten handeln musste. Wieder andere bangten um ihre Macht und rissen den Brief in Stücke oder warfen ihn weg. Diejenigen, die ihn in Ehren hielten, küssten und in einem kostbaren Schmuckkästchen aufbewahrten, profitieren davon. Diejenigen hingegen, die achtlos mit ihm umgingen und den Abgesandten des Propheten fortjagten, gehörten fortan zu den Verlierern.

SIEG IN KHAYBAR

MIT DEM ABKOMMEN von Hudeybiye war die Zeit der ständigen Konfrontationen mit den Quraysch vorerst vorüber. Doch die jüdischen Stämme, die die Quraysch und die anderen arabischen Stämme gegen die Muslime aufgehetzt und zum Grabenkrieg in Medina angestiftet hatten, fühlten sich nicht an den Vertrag gebunden. Die jüdischen Bewohner der Festungsstadt Khaybar schlossen einen Pakt mit anderen jüdischen Stämmen und planten erneut einen Überfall auf Medina. Auch sie trugen noch immer schwer an der Niederlage im Grabenkrieg und sannen auf Rache.

Der Prophet hatte zunächst in Ruhe verfolgt, wie sich die Dinge entwickelten, und war dann zu dem Schluss gekommen, dass es die beste Lösung wäre, den Juden zuvorzukommen und Khaybar anzugreifen. Tagelang belagerten die Muslime die Festung ohne Erfolg. Von den frühen Morgenstunden bis tief in die Nacht hinein regnete es Pfeile auf die Belagerer hinab. Und hin und wieder schickten die Belagerten Stoßtrupps hinaus, die die Muslime in kleinere Gefechte verwickelten.

Nach ein paar Tagen sagte der Prophet zu seinen Gefährten: „Morgen werde ich unser Banner jemandem überreichen, der Gott liebt und von Gott geliebt wird.“ Damit kündigte er die Eroberung Khaybars an. Für die Gefährten war es die größte Ehre, die sie sich vorstellen konnten: jemand zu sein, der Gott liebt und von Gott geliebt wird. Und so träumte in dieser Nacht jeder von ihnen, am nächsten Morgen das Banner überreicht zu bekommen. Darüber hinaus war die Verheißung des Sieges natürlich auch eine große Erleichterung.

Nach dem Morgengebet am nächsten Tag übergab der Prophet das Banner an Alī und sagte zu ihm: „Marschiere mit dem Banner zur Festung. Kämpfe, bis Gott dir zum Sieg verhilft, und kehre nicht um.“ „Soll ich mit ihnen kämpfen, bis sie sich ergeben?“, fragte Alī. „Sag ihnen, dass wir uns darauf einigen wollen, dass es keinen Gott gibt außer Allāh und dass Muhammed sein Gesandter ist. Lade sie dazu ein. Teile ihnen mit, was sie im Hinblick auf die Rechte Gottes und auf die Rechte seines Gesandten zu tun haben. Ich schwöre bei Gott, dass es besser für dich ist, wenn durch dich jemand zum Islam findet, als ganze Täler mit den edelsten Kamelen zu besitzen." Der dringlichste Wunsch des Propheten war, dass diese Menschen, die seit Tagen Pfeile auf ihn herabregnen ließen, den Glauben annahmen.

Mit dem Banner in der Hand und flankiert von einigen Gefährten trat Alī vor die Festungsmauern. Ebenso verblüfft wie besorgt riefen ihm die Belagerten zu: „Wer bist du?" „Ich bin Alī, der Sohn von Ebū Tālib", antwortete er. Als sie den Namen Alī hörten, bekamen sie Angst, und einer von ihnen mahnte: „Hört mich an. Ich schwöre bei den Geboten Moses. Euer Ende ist gekommen. Ihr werdet verlieren." Denn die Prophezeiungen in den Heiligen Schriften deuteten nicht nur auf ihre Niederlage hin, sondern auch darauf, dass jemand namens Alī sie herbeiführen würde.

Kurz darauf gaben die Belagerten auf. Nach zwei Monaten der Belagerung und vereinzelten Scharmützeln war der Kampf um Khaybar entschieden. Der Prophet und die Gefährten kehrten nach Medina zurück.

FREUDE ÜBER DIE UMRA

IM SIEBTEN JAHR NACH DER HIDschra forderte der Prophet seine Gefährten auf, sich für die Umra bereit zu machen, die man vor einem Jahr nicht hatte durchführen können. Bald sollte der Traum, den er vor einem Jahr gesehen hatte und der durch die Sure *El-Feth* bestätigt worden war, in Erfüllung gehen. Mit angelegtem Pilgergewand stand der Prophet am Eingangstor der Moschee in Medina und begann die *Telbīye* zu sprechen, und jeder der ihn hörte, sprach ihm nach. *„Lebbeyk allāhumme lebbeyk; lebbeyke lē scherīke leke lebbeyk. Inne'l-hamde we'n-ni'mete leke we'l mulk lē scherīke lek"*, schallte es durch Medinas Straßen.

Dann machten sich 2.000 Gläubige auf den Weg zur Kaabe und vollzogen in Begleitung des Propheten die Pilgerfahrt. Nach drei Tagen des Betens und des Dienstes an Gott verließen sie Mekka am vierten Tag wieder. In diesen drei Tagen hatten sie den Islam vorbildlich repräsentiert. Die Muslime hatten die Stadt belebt. Die Bewohner hatten gesehen, wie sie beteten, und dadurch mehr über den Islam erfahren. Nach dieser Umra bekannten sich auch Khālid ibn Walīd, ʿAmr ibn ʿĀs und Osman ibn Talhā, die zu den einflussreichsten Persönlichkeiten in Mekka gehörten, zum Islam. Sie schämten sich für ihr Leben vor dem Islam und baten den Propheten um Vergebung. Dessen Antwort fiel kurz und knapp aus: „Das Bekenntnis zum Islam löscht alle zuvor begangenen Fehler aus."

Diese positiven Entwicklungen führten allen klar vor Augen, dass das Abkommen von Hudeybiye tatsächlich als Sieg zu werten war. Gott hatte ihnen den Besuch der Stadt Mekka ermöglicht, das Interesse der Menschen an Gott und dem Propheten war gewachsen, und in der friedvollen Atmosphäre fielen *Teblīgh* und *Irschād,* Übermittlung und Rechtleitung, auf fruchtbaren Boden. Doch da ereignete sich etwas, das den Zorn der Gläubigen und des Propheten erregte.

Der Prophet hatte seinen Gefährten Hārith damit beauftragt, dem Statthalter der Stadt Busrā einen Brief zu überbringen. Doch sein Bote wurde in dem Ort Belka von einem Mann namens Schurahbīl ermordet. Schurahbīl ging dieses Wagnis höchstwahrscheinlich deshalb ein, weil er mit den Byzantinern verbündet war. Das war unverzeihlich, galten Abgesandte und Unterhändler doch als unantastbar. Daher war klar, dass man die Angelegenheit nicht ohne Reaktion auf sich beruhen lassen konnte. Mit einer 3.000 Mann starken Armee zogen die Muslime zu jenem Ort, dessen Bewohner sie auf Geheiß des Propheten zunächst zum Islam einladen sollten. Aber noch auf dem Marsch dorthin erfuhren die Muslime, dass Byzanz eine Armee mit 100.000 Soldaten gegen sie losgeschickt hatte - eine Armee also, die ihnen um ein Vielfaches überlegen war.

In Mūte prallten die beiden Armeen schließlich aufeinander. Trotz zahlenmäßiger Unterlegenheit der Muslime ging die Taktik ihres Oberbefehlshabers Khālid auf, und die byzantinische Armee musste sich am Ende zurückziehen. In dieser Schlacht schien die Übermacht der Byzantiner anfangs so groß, dass sich die Muslime hinterher sicher waren, von Gott unterstützt worden zu sein. Dies war ihr erster Schlag gegen Byzanz.

DER VERTRAG WIRD GEBROCHEN

MAN SCHRIEB DEN MOnat Scha'bān im achten Jahr nach der Hidschra. Seit Unterzeichnung des Vertrags von Hudeybiye waren 22 Monate vergangen, als den Propheten nach dem Morgengebet eine schlechte Nachricht aus Mekka erreichte. Die Quraysch hatten den Stamm der Khuzā'a angegriffen, der sich nach dem Abkommen von Hudeybiye eigentlich vor ihnen sicher fühlen durfte. Die friedfertigen Menschen hatten sich nichts zu Schulden kommen lassen, mussten aber nun 23 Tote beklagen, viele davon Frauen und Kinder - ein eindeutiger Verstoß gegen die Bedingungen des Vertrages.

Das Oberhaupt der Khuzā'a berichtete dem Propheten von dem Überfall und bat ihn um Hilfe. „Dir wird geholfen, sei unbesorgt", beruhigte ihn der Prophet. Ohne Zweifel war dieser Vorfall höchst beunruhigend. Deshalb schickte er einen Abgesandten nach Mekka, der Licht in die Angelegenheit bringen sollte. Die Quraysch bestritten, das Verbrechen begangen zu haben, und erklärten gleichzeitig, sich von nun an nicht mehr an den Vertrag halten zu wollen.

Dann aber wurde ihnen bewusst, dass dies womöglich üble Konsequenzen für sie haben würde, und haderten mit sich. Vielleicht hatten sie ja einen Fehler begangen. Mittlerweile fürchteten sie sich nämlich vor den Muslimen, die sie über lange Jahre hinweg so gepeinigt hatten. Zwar waren sie unzufrieden mit dem Friedensvertrag, aber einen neuerlichen Krieg scheuten sie noch mehr. Also beschlossen sie, Ebū Sufyān nach Medina zu entsenden. Er sollte mit dem Propheten verhandeln und das Abkommen wieder in Kraft setzen oder sogar verlängern. Im Gespräch mit dem Propheten tat Ebū Sufyān geradeso, als wisse er nichts von dem Vorfall und den Toten und somit auch nicht davon, dass die Vertragsbedingungen gebrochen wurden. Stattdessen bot er lediglich an, das alte Abkommen zu erneuern und zu verlängern oder einen neuen Vertrag zu unterzeichnen. Der Prophet aber beschied ihm: „Dazu wäre ich bereit gewesen, wenn ihr nicht diesen Zwischenfall provoziert hättet.“ Da erwiderte Ebū Sufyān: „Gut, dann betrachten wir das Abkommen von Hudeybiye doch einfach als weiterhin gültig und ändern nichts daran."

Das lehnte der Gesandte Gottes ab: „Nein. Wir haben uns immer an das Abkommen von Hudeybiye gehalten. Wir sind nicht diejenigen, die es gebrochen haben."

Ebū Sufyān wusste sich nicht anders zu helfen, als seinen Vorschlag noch mehrfach zu wiederholen. Das und seine ganze Art missfielen dem Propheten so sehr, dass er das Gespräch mit ihm beendete. Daraufhin suchte Ebū Sufyān noch Ebū Bekr, Umar, Osman, Alī und S‘ad ibn Ubāde auf und erzählte ihnen dasselbe. Da er aber auch ihnen keine Zugeständnisse abringen konnte, kehrte er schließlich auf seinem Kamel nach Mekka zurück.

Nach der Abreise von Ebū Sufyān beauftragte der Prophet seine Frau Āische damit, Vorbereitungen für einen Feldzug zu treffen, aber darauf zu achten, dass keine Informationen darüber nach Mekka drangen. Um einen langen, entbehrungsreichen Krieg zu vermeiden, wollte der Prophet die Mekkaner überraschen. Die Muslime würden nach Mekka ziehen, doch sollte möglichst kein Blut vergossen werden.

Er betete zu Gott: „O Herr, verschließe die Augen und Ohren der Quraysch, damit wir ihnen unerwartet entgegentreten können. Sie sollen uns erst bemerken, wenn wir vor ihnen stehen."

Und er schickte Boten aus, die folgende Nachricht an alle Muslime übermittelten: „Alle, die an Gott und den Propheten glauben, sollen sich im Monat Ramadan in Medina einfinden."

Auf diesen Aufruf hin strömten die Gläubigen in Scharen nach Medina. Im achten Jahr nach der Hidschra, an einem Mittwoch im Monat Ramadan, brachen 10.000 Muslime mit dem Propheten nach Mekka auf.

In der Nähe der Stadt schlugen sie an einem Ort namens Merru'z-Zahrān ihr Lager auf. Es wurde schon dunkel, und es war Zeit für das Nachtgebet. Mit Holz aus der Umgebung entzündeten sie große Feuer.

Die Quraysch ahnten noch immer nicht, was geschah. Nach ihrem Vertragsbruch hatten sie lange nichts aus Medina gehört und wurden langsam unruhig. Ebū Sufyān und Hakīm ibn Hizām wollten sich deshalb dort umhören, und Budeyl ibn Werqa stieß als dritter im Bunde zu ihnen. Als sie auf dem Weg nach Medina mitten in der Nacht in Merru'z-Zahrān eintrafen, traf sie fast der Schlag. Vor ihren Augen stand eine riesige Armee. Schockiert versuchten sie, sich einen Reim darauf zu machen, als sie auch schon von hinten gepackt wurden. Die Gefährten hatten sie entdeckt und brachten sie zum Propheten. Sie begriffen sofort, dass sich die

Dinge grundlegend geändert hatten, und zeigten sie sich tief beeindruckt vom Propheten, von den Gefährten und von der Stärke, die der Islam ihnen verlieh. Da sprach auch Ebū Sufyān mit zittriger Stimme das Glaubensbekenntnis: „Ich bezeuge, dass es keinen Gott gibt außer Allāh und dass Muhammed Sein Gesandter ist!“ Sein Weggefährte Hakīm ibn Hizām entschied sich ebenfalls für den Islam.

EINE EROBERUNG DER HERZEN

Am 13. Tag des Monats Ramadan, einem Freitag, zogen die Muslime weiter nach Mekka. Der Prophet wollte ein Blutvergießen auf jeden Fall vermeiden. Einzig in dem Fall, dass ihrem Einzug in die Stadt bewaffneter Widerstand geleistet würde, durften auch sie ihre Waffen zum Einsatz bringen. Acht Jahre, nachdem er Mekka mit nur einem Freund an seiner Seite hatte verlassen müssen, kehrte er nun mit 12.000 Mann zurück. Auf seinem Kamel Qaswā sitzend, rezitierte er während ihres Einzugs in die Stadt die Suren *El-Feth* und *En-Nasr*.

Dann sagte er: „Gottes Prophezeiung für mich hat sich erfüllt!" Mekka ergab sich. Die Quraysch hatten nicht mehr die Kraft, ihnen den Weg zu versperren. Für die Götzendiener war nun nur noch eine Frage entscheidend: Was würde ihnen Muhammed ul-Emīn sallallāhu 'aleyhi we sellem jetzt antun, nach alledem, was sie ihm angetan hatten?

Der Prophet ritt auf die Kaabe zu. Als sie in seinem Blickfeld auftauchte, grüßte er sie, dann sprach er ein Bittgebet. Die Gefährten folgten seinem Beispiel. Ihre Gebete waren so laut, dass selbst diejenigen Götzendiener, die aus der Stadt in die umliegenden Berge geflohen waren, sie hören konnten. Der Prophet umschritt die Kaabe, und zügig entfernten sie die Götzen. Zur Mittagsgebetszeit rief Bilāl auf Wunsch des Propheten vom Dach der Kaabe zum Gebet. Das Haus Gottes war nicht länger Zentrum des Götzenkultes, sondern hatte seine ursprüngliche Identität wiedergewonnen.

Währenddessen warteten die Mekkaner im Hof der Kaabe schweigend auf das Urteil, das der Prophet über sie fällen würde. „Ihr Quraysch, was glaubt ihr, wie ich euch behandeln werde?", rief er ihnen zu. Jahrelang hatten sie den Gläubigen das Leben auf jede nur erdenkliche Weise erschwert und rechneten deshalb mit einer schweren Strafe. Doch in seiner Barmherzigkeit vergab ihnen der Prophet und verschonte sie: „Euch sollen heute keine Vorwürfe gemacht werden. Gott wird euch vergeben. Er ist der Gnädigste der Gnädigen. Ihr könnt gehen!" Denn er war herabgesandt worden, um die ganze Menschheit zu befreien.

Angesichts dieser außerordentlichen Barmherzigkeit blieb den Götzendienern nichts anderes übrig als zu sagen: „Du musst wahrhaftig der Prophet Gottes sein. So viel Barmherzigkeit und Gutes kann nur ein Prophet tun. Du warst schon immer für deine Vertrauenswürdigkeit und deinen guten Willen bekannt." Ihre Herzen schmolzen, und viele von ihnen bekannten sich zum Islam. Der Prophet dankte Gott für die Eroberung ihrer Herzen und erklärte ihnen anschließend ausführlich, was die neue Religion für sie bedeuten würde. In den nächsten Tagen wetteiferten die Mekkaner förmlich darum, sich den neuen Glauben zu eigen zu machen.

Der Prophet plante, nach Medina zurückkehren. Doch von den Stämmen aus der Umgebung kamen keine guten Nachrichten. Nach der Eroberung Mekkas fürchteten die Hewazīn und die Thaqīf um ihre Existenz. Verzweifelt versuchten sie, so viele Gleichgesinnte wie möglich um sich zu scharen, und sprachen sich selbst Mut zu: „Jetzt sind wir am Zuge. Bevor sie uns angreifen, werden wir sie angreifen." Doch die Muslime erfuhren davon und lösten das Problem, indem sie der feindlichen Armee in Huneyn eine empfindliche Niederlage beibrachten. Diese Schlacht wurde später die Schlacht von Huneyn genannt. Nach der Niederlage flohen einige Anführer der

Aufständischen nach Tāif, wo sie sich sammeln und dann erneut zum Angriff blasen wollten. Und tatsächlich schlugen sich die Bewohner von Tāif auf ihre Seite.

Also blieb den Muslimen keine andere Wahl, als auch gegen diese Stadt vorzurücken; zunächst mit einem kleineren Stoßtrupp unter dem Kommando von Khālid ibn Welīd. Doch die Bewohner der Stadt brachen die Verhandlungen ab. Somit sah sich der Prophet gezwungen, selbst nach Tāif zu kommen, auch wenn er mit der Stadt schmerzliche Erinnerungen verband. Zehn Jahre zuvor hatte er sich kurzzeitig dort aufgehalten, und man hatte ihn mit Gewalt wieder vertrieben. Und Tāif hatte sich nicht verändert. Allen Umwälzungen in der Umgebung zum Trotz verharrte die Stadt noch immer in Ablehnung. Als die Muslime versuchten, die Verhandlungen wiederaufzunehmen, antworteten die Bewohner mit Pfeilen, Steinen und Katapulten. Damit begann die Belagerung der Stadt. Doch als auch nach 20 Tagen ein Erfolg noch nicht absehbar war, befahl der Prophet abzuziehen. Doch vorher öffnete er, den Toren der Stadt zugewandt, noch einmal seine Hände und sprach: „O Herr, ebne den Thaqīf den Weg zum Glauben. Nimm ihnen die Not, und führe sie zu uns."

EIN ORT DER SICHERHEIT

NACH LANGER ABWESENheit war der Prophet zurück in Medina, und auch dort brach eine neue Zeit an. Die Menschen kamen in Gruppen in die Stadt, besuchten den Propheten und bekannten sich zum neuen Glauben. Vor kurzem noch von Kriegen geplagt, hatte sich Medina in den vergangenen neun Jahren völlig gewandelt und war zu einem Zentrum der Sicherheit und des Friedens aufgestiegen. Und diesen Aufstieg verdankte die Stadt dem Islam.

Noch immer gab es aber auch einige, die mit dieser Entwicklung unzufrieden waren; zum Beispiel Byzanz, das zu den mächtigsten Reichen jener Zeit gehörte. Seit der Schlacht von Mu'te streckte der byzantinische Kaiser Herakleios seine Finger nach der Arabischen Halbinsel aus, und dazu musste er Vormarsch der Muslime stoppen. Mit Unterstützung einiger christlicher und anderer Stämme stand er im

Begriff, eine gewaltige Armee aufzubauen, die auf Medina zielte. Der Prophet durchschaute ihre Pläne und forderte seine Gefährten auf, sich auf einen Zusammenstoß vorzubereiten; und für dieses Vorhaben scheuten sie sich nicht, sogar ihre persönlichen Besitztümer zur Verfügung zu stellen.

Die Muslime zogen den Byzantinern entgegen. Die Schlacht sollte in Tebūk stattfinden, das seinerzeit noch zum byzantinischen Territorium gehörte. Doch als sie dort ankamen, war von einer byzantinischen Armee weit und breit nichts zu sehen. Der Kaiser war nicht erschienen, weil es ihm ratsam erschien, seine gute strategische Position nicht zu gefährden. Als die Gefährten danach kampflos und siegreich nach Medina zurückzukehrten, sprach sich der Rückzieher der Byzantiner schnell herum, sodass sie viel Ansehen verloren.

Die Eroberung von Mekka und die Siege von Huneyn und Tebūk bescherten den Muslimen noch viel mehr Interessenten am Islam als bereits zuvor. Fast täglich kamen neue Gruppen nach Medina und wurden dort empfangen, rund 350 Gesandtschaften innerhalb nur eines Jahres. Viele traten zum Islam über und verbreiteten die neue Religion dann auch in ihren Heimatregionen. Im neunten Jahr nach der Hidschra schickten schließlich auch die Bewohner von Tāif eine Gesandtschaft und nahmen den Islam an.

Zur Pilgerzeit entsandte der Prophet einige Gefährten nach Mekka, um der Stadt und ihren Besuchern den Islam näherzubringen und vorzuleben.

DIE ERSTE UND LETZTE HADDSCH

Im neunten Jahr nach der Hidschra, im Monat Dhu'l-Qa'-de, wurden die Verse offenbart, die den Muslimen die Haddsch, die große Pilgerfahrt, als Pflicht auferlegte. [Die Haddsch gehört zu den fünf Säulen des Islams und sollte mindestens einmal im Leben vollzogen werden, soweit es den Muslimen finanziell und gesundheitlich möglich ist. Sie findet vor dem Opferfest statt, im Gegensatz zur Umra, die nicht verpflichtend ist und über das ganze Jahr hinweg vollzogen werden kann.] Er erklärte seinen Gefährten: „Gott hat einen Anspruch darauf, dass jeder, der dazu imstande ist, zum Hause Gottes pilgert." Im selben Monat des darauffolgenden Jahres lud er sie dazu ein, mit ihm nach Mekka zu pilgern. Aus allen Himmelsrichtungen strömten die Muslime herbei, um ihn dorthin zu begleiten.

Fünf Tage vor Ende des Monats Dhu'l-Qa'de,

an einem Samstag nach dem Nachmittagsgebet, brachen sie von Medina aus auf. In einem Ort namens Dhu'l-Huleyfe vollzog der Prophet die Ganzkörperwaschung und trug Duftwasser auf bevor er das *Ihrām,* das Pilgerwand anlegte. Er bekundete laut seine Absicht, die Haddsch und die Umra gleichzeitig vollziehen zu wollen. Danach unterrichtete er die Gefährten über die Bedingungen der Haddsch. Außerdem nahm er an die 100 Kamele mit, die er in Mekka opfern wollte. Er begann die *Telbıye* zu sprechen, und die Gläubigen stimmten mit ein:

„Lebbeyk Allāhumme lebbeyk!
Lebbeyke lē scherīke leke lebbeyk!
Inne l-hamde we n-ni'mete leke we l-mulk.
Lē scherīke lek!"

So zogen sie nach Mekka.

Sie nahmen dieselbe Route, die sie auf der Hidschra genommen hatten, nur in umgekehrter Richtung, und erreichten Mekka am 4. Dhu'l-Hiddsche. Der Prophet wandte sich der Kaabe zu, grüßte die *Rukn ul-Yemēnī,* die Ecke an der sich der schwarze Stein, der *Hadscher ul-eswed* befindet, und begann mit dem *Tawāf,* der Umschreitung. Dann betete er zwischen der Kaabe und dem *Maqāmu Ibrāhīm,* dem Platz von Abraham, zwei Rekāt. In diesem Gebet rezitierte er die Suren *Kāfirūn* und *Ikhlās*. Danach grüßte er wieder die *Rukn ul-Yemēni,* ging auf den Hügel Safē zu und verrichtete zwischen Marwe und Safē den Sa'y. Im Anschluss daran betete er auf dem Safē-Hügel stehend in Richtung der Kaabe.

Von Sonntag an blieb er vier Tage in Mekka, um am 8. Dhu'l-Hiddsche weiterzugehen nach Mina. In Nemīra schlugen sie ihre Zelte auf. Dort betete der Prophet über den Tag verteilt fünf Mal. Am neunten Dhu'l-Hiddsche gelangte er nach Arafat, wo er in der Mitte des Tales auf seinem Kamel vor 120.000 Gefährten seine Abschiedspredigt hielt. Am Ende dieser Predigt fragte er die Gläubigen: „Was werdet ihr sagen, wenn man euch im Jenseits nach mir fragt?" Sie antworteten ihm: „Wir werden bezeugen, dass du uns die Religion Gottes überbracht und deine Pflicht erfüllt hast." Daraufhin hob der Prophet den Zeigefinger zum Himmel, bevor er ihn auf die Menschenmenge senkte und sagte: „O Herr, sei mein Zeuge, sei mein Zeuge, sei mein Zeuge!"

Die Zeit bis zum Abendgebet verbrachte er in Arafat und betete in Richtung der Kaabe. Nach Station in Muzdelife und Minā wurden die Tiere geopfert. Nach Verrichtung des Abschieds-*Tawāf* in Mekka kehrte der Prophet nach Medina zurück. Dies war die erste und letzte Haddsch, die er in seinem Leben vollziehen sollte. In Medina angekommen, verabschiedeten sich die Muslime, die ihn begleitet hatten, wieder voneinander und gingen ihrer Wege.

ZEIT, ABSCHIED ZU NEHMEN

IN SEINER ABSCHIEDSPREDIGT hatte der Prophet den dritten Vers der Sure *El-Mēide* rezitiert. Er lautet:

„*Verboten ist euch (als Nahrung) das Fleisch von verendeten Tieren, Blut, Schweinefleisch und das (Fleisch von Tieren die) im Namen eines anderen als Gott geopfert wurden, von Ersticktem, Erschlagenem, zu Tode Gestürztem und (von anderen Tieren) zu Tode Gestoßenem, und was von wilden Tieren gerissen worden ist - mit Ausnahme dessen, was ihr noch rechtmäßig machen konntet (indem ihr das Tier wie vorgeschrieben geschlachtet habt, während es noch lebendig war) - und was geopfert worden ist für etwas, das als Götze herhalten muss, an Orten, die der Opferung für andere als Gott vorbehalten sind. Und (ebenfalls verboten ist euch, dass ihr) was euch beschieden ist, durch Lospfeile zu wissen sucht (und dergleichen, wie etwa Verlosung und Würfeln). (Der Verzehr von so etwas wie) diesem (was soeben erwähnt wurde) ist Frevel. - Mit dem heutigen Tag haben jene, die ungläubig sind, jede Hoffnung (dass sie die Einführung) eurer Religion (verhindern könnten) aufgegeben; darum fürchtet nicht sie, sondern fürchtet Mich. Heute habe Ich eure Religion für euch vervollkommnet (mit all ihren Vorschriften, Geboten und in ihrer Allgemeingültigkeit) und Meine Gnade an euch vollendet, und Ich habe euch zu Meinem Wohlgefallen den Islam zum Glauben erwählt. - Wer aber durch äußerste Not gezwungen ist (und deshalb zu Verbotenem getrieben wird), ohne Sündhaftigkeit zu beabsichtigen, - so ist Gott gewiss vergebend, barmherzig.“*

Daraufhin hatten einige Gefährten geweint. Sie hatten diese Worte als Zeichen dafür interpretiert, dass der Prophet bald sterben würde. Und tatsächlich sollte bis zu seinem Tod nicht mehr viel Zeit vergehen. Als Barmherzigkeit für alle Welten geschickt, war er nun 63 Jahre alt. Er erkrankte und bekam hohes Fieber, und sein Zustand verschlechterte sich von Tag zu Tag. Als es ihm einmal vorübergehend besser ging, suchte er die Moschee auf und leitete das Gebet für seine Gefährten. Dann stieg er auf die Kanzel und sprach:

„Gefährten, kein Prophet hat für immer bei seiner Gemeinschaft gelebt. Ihr sollt wissen, dass auch ich bald zu meinem Herrn gehen werde. Gewiss werdet auch ihr selbst irgendwann zu eurem Schöpfer zurückkehren. Niemand wird ewig auf dieser Welt verweilen, alles hängt vom Willen Gottes ab. Die Zeit, die Gott euch bestimmt hat, wird weder vorgezogen, noch wird sie überschritten. Ich werde euch am Becken des Kewthar treffen. Wer mit mir dort zusammentreffen möchte, sollte seine Hand und seine Zunge vor Sünde hüten. Hört mich an! Wahrlich, Gott hat einen Seiner Diener vor die Wahl gestellt zwischen der Welt und dem, was sich bei Ihm befindet, und dieser Diener entschied sich für das, was sich bei Gott befindet."

Da begann Ebū Bekr zu weinen. Ihm war klar, dass der Prophet nur seinen nahenden Tod gemeint haben konnte. „Weine nicht Ebū Bekr", munterte der Prophet ihn auf und versuchte, ihn zu trösten. Danach fuhr er fort: „Derjenige unter den Menschen, der mir treuen Einsatz mit seiner Person und mit seinem Vermögen leistete, war Ebū Bekr. Wenn ich einen besten Freund außer Gott nehmen würde, würde ich Ebū Bekr nehmen. Von nun an ist es die Geschwisterlichkeit im Glauben, die euch miteinander verbindet, und diese Geschwisterlichkeit sollte im Zentrum eurer Liebe (und Gefühle, die ihr füreinander hegt) stehen. In dieser Moschee soll es keine Tür mehr geben, die nicht zugemauert werden soll, mit Ausnahme der Tür von Ebū Bekr."

Es war, als ob sich der Prophet mit jedem seiner Worte verabschieden würde. Seine Gefährten wurden von so großer Trauer erfasst, dass keiner von ihnen seine Tränen zurückhalten konnte. An einem Donnerstag war sein Zustand derart schlecht, dass er von Zeit zu Zeit das Bewusstsein verlor. In der Moschee erwartete man ihn zum Nachtgebet, und als er wieder zu sich kam, fragte er seine Frau Āische, ob es bereits verrichtet wurde. Als sie verneinte und sagte, dass alle auf ihn warteten, verlangte er nach Wasser, um sich zu waschen. Auf dem Weg zur Moschee wurde er erneut bewusstlos, und als er wieder zu sich kam, fragte er wieder nach dem Gebet. Immer wieder verlor er kurzzeitig das Bewusstsein, schaffte es aber trotzdem in die Moschee. Dort bat er Ebū Bekr, das Gebet zu leiten, weil er selbst es nur gestützt von zwei seiner Gefährten verrichten konnte. Alle Anwesenden waren bestürzt, ihn in dieser Verfassung zu sehen. Als Ebū Bekr dennoch hinter ihm zurücktreten wollte, bedeutete ihm der Prophet, fortzufahren. Nur mit Hilfe kam er zu ihm nach vorn, musste das Gebet aber im Sitzen verrichten. Von diesem Tag an war Ebū Bekr der Vorbeter der Gemeinschaft.

Am Montag, dem 12. Rebīʿu'l-Ewwel, hatten sich die Gefährten wie üblich zum Morgengebet in der Moschee versammelt, das Ebū Bekr leiten würde. Da machte sich Aufregung breit. Der Prophet war gekommen. Die Gefährten waren so aufgeregt und glücklich, dass sie sogar ihr Gebet unterbrechen wollten. Während der zweiten Rekāt schaffte es der Prophet in die erste Reihe und stellte sich hinter Ebū Bekr. Als dieser ihm seinen Platz überlassen wollte, legte der Prophet ihm seine Hand auf die Schulter und signalisierte ihm, weiterzumachen. Er selbst setzte sich hin und betete mit.

Es sollte sein letztes öffentliches Gebet gewesen sein. Als er sich von seinen Gefährten verabschiedete, sagte er zu ihnen: „Kein Prophet stirbt, bevor nicht jemand aus seiner Gemeinschaft ihm vorgebetet hat." Dann kehrte er in sein Zimmer zurück. Die Sonne ging auf, und es wurde Mittag, während der Prophet noch einmal das Gespräch mit all jenen suchte, die bei ihm weilten. Er erinnerte sie daran, dass man das sich das Jenseits verdienen muss, bevor man sich von dieser Welt verabschiedet. Zu seiner Tochter Fātime, die am Kopfende seines Bettes saß und weinte, sagte er: „Meine liebste Tochter. Weine nicht, und sei geduldig. Wenn du weinst, weinen auch die Engel mit dir."

Er wischte ihr die Tränen ab, tröstete sie und betete zu Gott, ihr Geduld zu schenken. „Wisse, meine Tochter, dass jedes Unglück gleichzeitig etwas Gutes bringt. Denn von nun an wird dein Vater nicht länger Trauer und Kummer leiden." Er zog seine Enkel Hassan und Huseyn an sich und drückte sie, schaute sie lange an und küsste sie auf die Stirn. Bald darauf veränderte sich sein Zustand. Gabriel kam zu ihm und überbrachte ihm eine Botschaft von Gott: „Dein Herr lässt dir die Wahl. Wenn du es wünschst, wird Er dich heilen und dir Genesung schenken. Oder Er nimmt dich mit all Seiner Barmherzigkeit bei Sich auf."

Der Prophet antwortete dem Engel: „Er selbst wird die Entscheidung treffen. Er wird über mich urteilen." Gabriel sagte: „O Gesandter Gottes, Azrāīl wartet an der Tür. Er bittet um Einlass. Noch nie hat er jemanden darum gebeten, und er wird es auch nie wieder tun." Der Prophet gewährte ihm Einlass, und Azrāīl trat ein. Er grüßte den Propheten und sagte zu ihm: „Gesandter Gottes! Gott hat mich zu dir geschickt und mir befohlen, deinen Anweisungen zu folgen. Wenn du es mir gestattest, werde ich deine ehrenwerte Seele durch die höheren Sphären in die Himmel geleiten. Falls nicht, kehre ich jetzt zurück.“

Der Prophet erwiderte: „Tu, was deine Pflicht ist, Azrāīl.“ Dann wischte er sich mit der nassen Hand übers Gesicht und sagte: „O Herr, hilf mir beim Sterben.“ Anschließend bettete er sein Haupt an die Brust von Āische und schaute zur Decke. Dabei sagte er: „*Lē ilēhe illa-llāh*. Wahrlich, der Tod birgt verschiedene Benommenheiten in sich.“ (Damit brachte er zum Ausdruck, wie schwer es ist, zu sterben.) Erneut verlor er das Bewusstsein, erlangte es aber kurze Zeit später noch einmal wieder. Dann hob er den Zeigefinger und bewegte, die Augen nach oben gerichtet, die Lippen. Āische hörte, wie er sagte: „O Herr, vergib mir, und nimm mich barmherzig auf, gemeinsam mit den anderen Propheten, Märtyrern, Treuen und Ergebenen. Nimm mich auf bei Dir in Freundschaft. Deine Freundschaft ersehne ich.“ Das wiederholte er drei Mal.

Sein ehrwürdiges Leben endete an demselben Wochentag, an dem es vor 63 Jahren begonnen hatte. Er hatte seine Pflichten an die Menschen, die weiterleben würden, übertragen und endlich zu Seinem ewigen Freund, Seinem Herrn gefunden, nach dem er sich so lange schon gesehnt hatte.

Sein Tod stürzte die Muslime in Fassungslosigkeit und tiefe Trauer. Sie vergossen unendlich viele Tränen. Mit seinem Leben hatte er ihnen ein Beispiel gegeben, und sie hatten so viel von ihm gelernt: über das Leben, das Jenseits, Himmel und Hölle und die Hoffnung. Mit ihm waren sie nicht länger schutzlos gewesen. Mit ihm hatten sie die Angst vor dem Sterben und den Wunsch nach ewigem Leben kennengelernt. Durch ihn hatten sie Gott erfahren. In all den Jahren war er ihnen ein Freund gewesen.

Wir Menschen, die wir heute leben, haben ihn selbst nicht kennenlernen dürfen. Wir können ihn uns nur in unserer Gedankenwelt vorstellen. Er hat einmal gesagt: „Diejenigen, die nach mir kommen, sind meine Brüder und Schwestern.“ Und diesem Anspruch, seine Brüder und Schwestern zu sein, wollen wir uns stellen. Ich wünsche mir, dass wir in unserem Leben in dieser Welt nicht von seinem Weg abkommen und dass wir im Paradies mit ihm zusammentreffen werden. Wir danken dir, Gesandter Gottes, von tiefstem Herzen! O du Herr der Herzen sallallâhu 'aleyhi we sellem, mögest du im Jenseits unser Fürsprecher sein!

NACHWORT

ES IST MIR EINE GROSSE EHRE, DAS Nachwort für die Biographie eines Menschen zu verfassen, den man mit Fug und Recht als vollkommenen Menschen bezeichnet. Über Muhammed sallallāhu 'aleyhi we sellem, den Herrn unserer Herzen, wurden bereits vor seiner Ankunft in dieser Welt Worte verfasst und Offenbarungsverse herabgesandt. Dem 81. Vers der Sure *Ēl-i Imrān* zufolge schloss Gott einst einen Bund mit allen Propheten, die ihm vorangegangen waren:

> *Und als Gott den Propheten das Gelübde abnahm: „Wahrlich, was auch immer Ich euch an Schrift und Weisheit gab, und es kommt danach ein Gesandter zu euch, der das bestätigt, was ihr (an Offenbarungen Gottes) bereits in Händen habt, so sollt ihr gewiss an ihn glauben und ihm beistehen.“ Indem Er dies sagte, fragte Er: „Habt ihr dies bestätigt und versichert, dass ihr Meine Last auf euch*

nehmt (die Ich euch auferlegt habe) in dieser Angelegenheit?" Sie antworteten: „Wir haben (es) bestätigt." Er sprach: „So legt (ihr und eure Gemeinschaft) Zeugnis ab, und Ich werde mit euch unter den Bezeugenden sein."

Somit war Muhammed sallallâhu 'aleyhi we sellem nicht nur ein lange von der ganzen Menschheit und allen Zeitaltern herbeigesehnter Prophet, sondern der Gesandte Gottes, dessen Kommen von Gott selbst angekündigt worden war.

Sein Licht vertrieb die Finsternis von Vergangenheit und Gegenwart, die sich über die Schöpfung ausgebreitet hatte, und strahlte auch auf die Zukunft ab; denn er redete nicht von sich selbst, sondern sprach das, was ihm offenbart wurde. Durch die Eingebung Gottes verkündete er das Zukünftige. Er war ein Mensch, dessen Liebe allgegenwärtig ist - in jedem Jahrhundert, auf allen Kontinenten, in fast zwei Milliarden Seelen jeder Generation. Als Sohn der Āmine, der Vertrauenswürdigen, zur Welt gekommen, gab man auch ihm selbst schon vor seiner Berufung den Beinamen Der Vertrauenswürdige und Wahrhaftige.

Von ihm lernten wir, dass der Glaube nur auf dem Boden der Wahrhaftigkeit gedeiht, während Lüge zu Verkennung und Verkennung zu ewiger Strafe führt. Und auch die Erkenntnis, dass die Tugenden des Menschen nur auf dem Boden von Wahrhaftigkeit, Ernsthaftigkeit und Liebe gedeihen, verdanken wir ihm. Weil sich unser Prophet ganz und gar der Wahrhaftigkeit verschrieben hatte, vermochte er unter der Anleitung Gottes alle erdenklichen tugendhaften Rollen eines Menschen auszufüllen.

Er wurde als Halbwaise geboren, da sein Vater kurz vor seiner Geburt verstarb. Im Alter von sechs Jahren wurde er zur Vollwaise, fortan war auch seine Mutter nicht mehr bei ihm. Dann starben nacheinander weitere Menschen, die er sehr ins Herz geschlossen hatte: sein Großvater und sein Onkel, die ihm den Vater lange Zeit ersetzt hatten, und weibliche Verwandte, die wie eine Mutter für ihn gesorgt hatten. Mit eigenen Händen musste er im Laufe seines Lebens seine Töchter und Söhne begraben, mit Ausnahme seiner Tochter Fātime, die ihm sechs Monate nach seinem Ableben in die Welt des Jenseits folgte. Auch seine Gattin Khadīdsche, sein Augapfel, mit der er 28 Jahre lang glücklich verheiratet war, starb noch vor ihm, sodass er mit 53 Jahren neben allen anderen Rollen auch die eines Witwers übernehmen musste. Später fielen sein geliebter Onkel Hamza und viele seiner engsten Gefährten auf dem Schlachtfeld.

Doch all diesen Heimsuchungen des Schicksals zum Trotz lag unserem Herrn der Herzen nichts ferner als Pessimismus oder Hoffnungslosigkeit. Was ihn auszeichnete, war – ganz im Gegenteil - positives und konstruktives Handeln, das auf seinem unvergleichlichen Gottvertrauen gründete.

Als umweltbewusster Mensch betrachtete er die ganze Schöpfung als eine „Wiege der Geschwisterlichkeit". Er rief selbst Tiere, ja sogar Gegenstände in seiner Umgebung mit anmutigen Namen an. Er verbot das Verfluchen von Tieren und Pflanzen ebenso wie die Quälerei und willkürliche Tötung von Tieren. Außerdem untersagte er das Fällen von Bäumen und das Töten von Tieren innerhalb der Stadtgrenzen von Medina, die er zu „unantastbaren" Bezirken erklärte. Genauso wie Gott der Allmächtige zuvor alles innerhalb der Stadtgrenzen von Mekka für unantastbar erklärt hatte. Seine Liebe zur Schöpfung war unermesslich groß und umarmte sogar die Berge. „Der Berg Uhud liebt uns, und wir lieben ihn", heißt es in einem von ihm überlieferten Ausspruch. Er verlieh den Tieren einen eigenständigen Gemeinschaftsstatus, wie der der Menschen. Und die Pflanzen, die er eigenhändig in Medina setzte, ähnelten den Bäumen im Paradies. Er legte uns nahe, dass wir auch einer leidenden Ameise, einem leidenden

Hirsch oder einem leidenden Kamel zur Hilfe eilen sollten.

Die Menschheit hat im Laufe ihrer Geschichte keinen anderen spirituellen Entdecker hervorgebracht, der Gott so treu zu dienen wusste und dabei gleichzeitig so viel Wissen um Gott besaß. Er verkörpert den Zenit von Dankbarkeit und Geduld. Wenn all die Plagen der Welt ihm wieder einmal schwer zusetzten, beklagte er sich nicht bei seinem Herrn, sondern bat selbstkritisch um Vergebung. Er akzeptierte sie, weil er davon ausging, dass alle Heimsuchungen, die ihn trafen, ihren Sinn hatten oder seinen eigenen Fehlern geschuldet waren. Von ihm lernten wir, wie wichtig es ist, selbst bei den alltäglichsten Handlungen und in praktisch allen Lebenslagen - beim Aufstehen, beim Blick in den Spiegel, beim Zubettgehen, vor und nach jeder Unternehmung sowie bei jeder glücklichen oder unglücklichen Nachricht - Bittgebete zu sprechen, Gott zu danken, auf Ihn zu vertrauen und bei Ihm Zuflucht zu suchen.

Das Licht seiner Spiritualität und Gotteserkenntnis strahlte so weit in die Zukunft hinein, dass sich selbst eine spirituelle Kapazität wie Muhammed Dschelāleddin Rūmi als „den Erdboden der Straße Muhammeds“ betrachtete. Yunus Emre und Fuzuli huldigten ihm (sinngemäß): „O Muhammed, meine Seele verzehrt sich nach dir!“ All die größten Herzen der Welt - Djuneyd el-Baghdādī, Bistāmī, Mansūr, Suhrawardī, Busīrī, Naqschbendī, Geylānī, Ibn Arabī, Schazelī, Bedewī, Nāmiqī, Yesevī, Sirhindī, Kerchī, Kharaqānī, Hāfiz und Saadī aus Schiraz, Menbedjī, Djāmī und Millionen, die ihnen folgten - betonten immer wieder, wie sehr sie sich aus tiefster Seele nach ihm sehnten, und gestanden freimütig ein, dass sie ihren eigenen Glanz seinem Licht verdankten.

Er lehrte uns, dass der Mensch nicht nur Verantwortung für sich selbst trägt, sondern auch für die Gesellschaft und dass jeder Mensch seinen Mitmenschen ein Hirte sein kann. Seine Botschaft war, dass sich alles Übel in der Gesellschaft durch Eigeninitiative in Gedanken, Worten und Taten beseitigen lässt. Er lehrte uns, dass die führenden Persönlichkeiten einer Gesellschaft stets aus der Mitte der Gesellschaft hervorgehen und die Eigenschaften dieser Gesellschaft verkörpern. Er lehrte uns, dass despotisches Charisma im Gegensatz zu Sanftmut und Bescheidenheit keine Führungsqualität ist. Ihm zufolge sollten die Vorreiter einer Gesellschaft in erster Linie den Menschen dienen: Der beste Mensch unter den Menschen ist derjenige, der der Menschheit den größten Nutzen bringt.

Er lebte uns vor, dass die Entscheidungsträger einer Gemeinschaft in bescheidenen Verhältnissen leben sollten und die unteren Schichten ein Anrecht auf einen Teil des Vermögens der Reichen haben. Er betonte, dass die Frauen - nicht anders als die Männer - ebenbürtige Mitglieder der Gesellschaft und Ansprechpartnerinnen Gottes sind, die weder bei der Gottesanbetung noch im Hinblick auf die Aufgaben und Rollenverteilungen innerhalb der Gesellschaft diskriminiert werden dürfen. Er erinnerte die Eltern daran, dass ihre Kinder nicht ihr Eigentum sind, sondern ihnen nur für begrenzte Zeit anvertraut wurden. Und er pochte darauf, dass das Leben eines Menschen genauso wertvoll ist wie das Leben aller Menschen.

Er stellte uns das Paradies in Aussicht, wenn wir den Friedensgruß auf der Welt verbreiten und die Menschen speisen. Er selbst ging mit gutem Beispiel voran und grüßte Kind und Erwachsenen, Mann und Frau, Freund und Feind, Mensch und Engel, Lebewesen und Materie.

Er rief eine gemeinsame Initiative gegen jene selbstverschuldete Unmündigkeit des Menschen ins Leben, die in der Tradition des Aberglaubens und der Götzendienerei wurzelte. Diese Tradition verlangte eine blinde Nachahmung der Lebensweise der Vorfahren und verweigerte sich dem gesunden Menschenverstand. Sie schrieb vor, Hubel, Lēt, Uzzē und Menēt als vermeintliche Töchter (!!) Gottes zu verherrlichen, hieß es andererseits aber gut, junge Mädchen bei lebendigem Leibe zu töten. Diese Tradition räumte den Schwachen kein Recht auf Leben ein. Sie erklärte den Krieg zum Regelfall und den Frieden zur Ausnahme, und sie kannte nur ein barbarisches Prinzip: Wer die Macht hat, hat das Recht auf seiner Seite. Nicht Argumente zählten, sondern Waffengewalt und Zwang. Die ignoranten Anhänger dieser Tradition mussten die Gedanken und den Glauben Muhammeds *sallallāhu 'aleyhi we sellem* hassen, und so griffen sie also zu ihren Schwertern. Mit Worten hätten sie den Herrn der Herzen niemals besiegen können.

Genauso wie sich die früheren Propheten Elias mit einem B'al, Moses mit einem Pharao, Jesus mit einem Antichristen, David mit einem Goliath und jeder Mensch mit einem Satan konfrontiert sah bzw. sieht, hatte auch der Prophet Muhammed *sallallāhu 'aleyhi we sellem* mit Ba'ls, Pharaonen, Goliaths und Satanen zu kämpfen. Ihre Drohungen und Repressalien versetzten ihn in die Rolle eines Heimatlosen. Sie zwangen ihn, Mekka, seine Heimatstadt, die ihm sein Leben lang so am Herzen lag, zu verlassen. Kein Schutzherr hatte seine schützende Hand über ihn gehalten, kein König hatte ihm das Recht gewährt, frei seine Meinung zu äußern. 13 Jahre nach der ersten Offenbarung musste er mit einer Handvoll Gläubigen an einem anderen Ort neu anfangen. Sein Besitz wurde enteignet, und einige seiner mittellosen Anhänger starben den Märtyrertod.

Die Bewohner von Medina luden ihn als „Mensch der Versöhnung" in ihre Stadt ein. Schon kurz nach seiner Ankunft dort betätigte er sich als Friedensstifter und versöhnte zwei Stämme miteinander, die zuvor eine 100-jährige Fehde ausgefochten hatten. Mit dem Eid der Geschwisterlichkeit erklärte er die zugewanderten Mekkaner und die ansässigen Medinenser zu Geschwistern. Wenig später übertrug man ihm die Verwaltung Medinas, und er wurde Bürgermeister dieser Stadt. Er veranlasste die erste Volkszählung und erweiterte den Vertrag der Geschwisterlichkeit durch eine Charta, die Polytheisten, Muslime und Juden zu gleichberechtigten Bürger der Stadt machte. Für die neuen Mitglieder dieser Stadtgesellschaft, deren Hab und Gut in Mekka geblieben und anschließend verkauft worden war, gründete er einen eigenen Markt. So ermöglichte er den Zuwanderern die finanzielle Absicherung ihres Lebensunterhalts.

Er gründete in Medina kein Militärlager, sondern eine Moschee. Und aus dieser ersten Schule des Islams gingen vornehme Persönlichkeiten wie Ebū Bekr, Umar, Osman und Alī hervor. Auch die ersten Gelehrten der Koranexegese wie Ibn Abbas und Ibn Mesʿūd, bedeutende Hadithgelehrte wie Āische, Djābir ibn Abdullah, Ebū Hurayra und die ersten Rezitations- und Schriftgelehrten waren Absolventen seiner Schule. Mit ihm begann die Aufklärung des Geistes. Er wurde zum ersten Professor seiner Universität, die unter allerbescheidensten Verhältnissen die hervorragendsten Gelehrten der Geschichte hervorbrachte.

Doch all diese Entwicklungen, die den menschlichen Idealen enormen Auftrieb gaben, führten nicht dazu, dass seine Widersacher Bosheit und Feindseligkeit ablegten. Je größer die Zahl der Zuhörer und Bewunderer seiner Botschaft wurde, desto größer wurden auch die Heerscharen, die ihn angriffen. In der Folge standen nicht mehr „nur" das Leben und der Besitz Muhammeds sallallāhu ʿaleyhi we sellem auf dem Spiel, sondern die Existenz der ganzen Gemeinschaft in Medina. Es kam zur Schlacht von Bedr, die in erster Linie ein Kampf um das Recht auf Vermögen war. Die Schlacht von Uhud war ein aus Konsultationen geborener Akt der Verteidigung, und auch hier ging die militärische Aggression von den Götzendienern aus. Die Khandaq-Schlacht hingegen war nicht mehr und nicht weniger als ein Überlebenskampf der kleinen Gemeinschaft der Gläubigen gegen die ungläubigen arabischen Machthaber. Der Prophet selbst war sogar nicht einmal für einen Verteidigungskrieg. In den Beratungsgesprächen vor der Schlacht von Khandaq, hatte er persönlich vorgeschlagen, im Gegensatz zur Meinung seiner eigenen Gemeinschaft, ein Drittel der Erzeugnisse von Medina als Steuer an die Mekkaner zu zahlen und somit einen Krieg zu vermeiden. Man darf also nicht außer Acht lassen, dass diese kämpferischen Auseinandersetzungen keineswegs von ihm persönlich ausgingen.

Bedingt durch diese Aggressionen musste der Prophet notgedrungen auch als Befehlshaber agieren. Er wurde verwundet, erlitt große Verluste, schaffte es aber mit der Hilfe und Unterstützung Gottes, auch die schwierigsten Situationen zu meistern und den Sieg davonzutragen. Das Schicksal ließ ihn in die unterschiedlichen Rollen eines Propheten, eines Lehrers, Richters, Befehlshabers, Verwalters und Anführers schlüpfen, und er meisterte sie alle überaus achtsam und mit größtem Einsatz. Trotz seiner Erfolge lebte er unter einem gerade einmal 12 Quadratmeter großen Dach und führte sich nie großspurig wie ein König auf. Er blieb derselbe

Muhammed (sallallâhu 'aleyhi we sellem), der er schon in Mekka gewesen war: ein Diener Gottes und ein Diener der Menschen. Auch hinterließ er kein materielles Erbe. Seine Familie lebte zu seinen Lebzeiten ebenso wie nach seinem Tod in Armut.

Als die Gläubigen ihre kleine Pilgerfahrt, die Umra, vollziehen und das Haus Gottes, die Kaabe, besuchen wollten, wurde ihnen dieses Anliegen verwehrt. Man versperrte ihnen den Weg in die Stadt und bedrohte sie mit Schwertern. Man diffamierte und verspottete ihn auf unerträgliche, nicht hinnehmbare Art und Weise; und doch bestand er darauf, ein Friedensabkommen mit den Götzendienern aus Mekka zu schließen; einen auf 10 Jahre befristeten Vertrag, den Vertrag von Hudeybiye, der Feinde von gestern zu Freunden von heute werden ließ. In diesem Fall waren seine Gefährten nicht seiner Meinung. Aber als Friedensstifter beharrte er auf seiner Entscheidung und riskierte den Ungehorsam seiner eigenen Gemeinschaft.

Er war seiner Zeit stets voraus, aber damit die Rosen der Menschlichkeit in der Wüste der Grausamkeit erblühen konnten, musste er akzeptieren, dass die Dinge Zeit brauchten. Auch seine treuen, begabten und scharfsichtigen Freunde taten sich manchmal schwer damit, seine Visionen zu teilen und in die Tat umzusetzen.

Aber die Zahl derer, die sich zu seiner Botschaft bekannten, stieg binnen zwei Jahren von 2.000 auf 10.000 an. Die Friedensphase nach Unterzeichnung des Vertrags von Hudeybiye verhalf dem Islam zum Durchbruch und durfte daher zu Recht als Triumph gewertet werden.

Die Eroberung von Mekka durch die Muslime gab all seinen langjährigen Feinden erneut die Gelegenheit zu sehen, wie tolerant, nachsichtig und barmherzig der Prophet Muhammed sallallāhu ʿaleyhi we sellem war. Er verzieh ihnen, wie der Prophet Josef einst seinen Brüdern verziehen hatte. Er erließ eine Generalamnestie, von der auch diejenigen Mekkaner profitierten, die ihm und seiner Gemeinschaft mit ihren unzähligen Verbrechen unvorstellbares Leid zugefügt hatten. Indem er als Diener auftrat, und nicht als König, eroberte er zehn Jahre nach seiner Auswanderung nicht nur die Stadt ohne Blutvergießen, sondern zugleich auch die Herzen ihrer Bewohner.

In seiner Abschiedspredigt, die er auf seiner ersten und einzigen großen Pilgerfahrt nach Mekka hielt, verkündete er sein Manifest zu den Grundrechten und Freiheiten des Menschen. Er schenkte den Menschen neuen Mut, und entflammte sie mit der Offenbarung des Korans für die Liebe zur Wahrheit.

Bedeutende Denker wie Ibn Sīnā, El-Fārābī,

El-Kindī, Ibn Ruschd und El-Ghazzālī waren auf dem Gebiet der Philosophie seine Schüler. Naturwissenschaftler wie El-Khawarizmī, El-Birūnī, El-Djezarī, Ibn ul-Heythem, El-Schātirī und tausende andere wuchsen in der Tradition des von ihm vermittelten Wissens auf. Gelehrte wie Ebū Hanīfe, Schāfi'ī, Mālik, Ewzā'ī und Tausende Schüler von ihnen studierten an seiner Fakultät für Rechtswissenschaften, während Ahmed Sirhindī, Bediuzzaman Said Nursi, Fethullah Gülen, Schāh Dihlewī, Māturīdī, Esch'arī und Hunderte ihresgleichen die Schule seiner Theologie absolvierten.

Auch im Abendland gab es Hunderte von Denkern, Dichtern, Orientalisten, Historikern und Schriftsteller wie Johann Wolfgang von Goethe, Thomas Carlyle, Rainer Maria Rilke, Alphonse de Lamartine, Annemarie Schimmel, Friedrich Rückert, Arnold Toynbee, Bernard Shaw, Edward Gibbon, Marmaduke Pickthall, die sich von seinen Gedanken und Lehren begeistern ließen.

Natürlich ist es unmöglich, sämtliche Facetten seiner Persönlichkeit, seine gewaltigen Wunder und die wohlschmeckenden Früchte, die er der Menschheit hinterließ, auf den wenigen Seiten eines Buches umfassend zu beleuchten - ebenso wenig wie ein ganzer Ozean in einem kleinen

Krug Platz findet. Vielmehr ist dieses Buch lediglich als ein Tropfen aus seinem Ozean, ein Duft aus seinem Paradies, ein Funke aus seiner Sonne, ein Atom aus seinem Universum zu verstehen.

Wir kennen diesen Muhammed sallallâhu 'aleyhi we sellem, den wir über unsere Eltern, Lehrer, Meister, Gelehrte, Philosophen, Naturwissenschaftler, Dichter und Künstler kennengelernt haben. Wir lieben ihn. Er ist und bleibt der Herr unserer Herzen.

Arhan Kardas
Frankfurt am Main
3. März 2015

Propheten-
geschichten
aus dem Weisen Koran
abg
DEFINE
Khadidsche
Die erste Muslimin und Ehefrau des Propheten
Reşit Haylamaz
DEFINE

Muhammed Friede & Segen sei mit ihm

Der Herr der Herzen für Kinder

Define Verlag

Amine, eine schwangere Frau aus Mekka, hatte einen sonderbaren Traum. Ein Licht strahlte aus ihr heraus und beleuchtete die Paläste der berühmten Stadt Bosra. Ihr wurde gesagt, dass ihr Sohn der Herr aller Völker sein wird. Sie solle ihn Muhammed nennen. Tatsächlich wurde Muhammed der Herr der Herzen und der Lehrmeister der Seelen. Das Buch erzählt in kindgemäßer Sprache seine faszinierende Lebensgeschichte.

96 S. • Hardcover • 9,90 €
ISBN: 978-3-946871-55-2

Aische - Die geliebte Mutter der Gläubigen

Abg e. V.

128 S. • Hardcover • 8,90 €
ISBN: 978-3-946871-56-9

Der ehrwürdige Ali Friede & Segen sei mit ihm

Abg e. V.

136 S. • Hardcover • 8,90 €
ISBN: 978-3-946871-59-0

Ich glaube aber warum

Abdullah Aymaz

Dieses Universum und alles, was darin ist, verblüfft den gesunden Menschenverstand. Wer hat diesen Palast gebaut? Die Natur oder die Naturgesetze? Die materiellen Kausalitäten? Ist es ohne Grund aus sich selbst heraus entstanden? Oder gibt es ein über allem stehendes Wesen, das mit seiner verborgenen immateriellen Hand hinter jeder Handlung wirkt?

212 S • Hardcover • 11,90 €
ISBN: 978-3-946871-68-2

Iman 2 Go

Wegweiser zum ewigen Leben

Zeki Van

Woher kommen und wohin gehen wir? Wer hat Gott erschaffen? Was gehört zum Glauben? Wie gelange ich ins Paradies? – Fragen von existenzieller Tragweite, die komplexe Antworten erwarten lassen. Zeki Van hingegen schlägt mit einfacher Sprache eine Schneise durch den Fragen-Dschungel und ermöglicht so Einsichten in das Wesentliche. Ob im Zug, beim Schlangestehen oder während einer Arbeitspause: Iman2Go zeigt den Weg zum ewigen Leben – kurz und bündig.

76 S • Hardcover • 7,90 €
ISBN: 978-3-946871-41-5